G. LE ROY LIBERGE

Trois Mois en Portugal

Ouvrage illustré de 14 gravures

PARIS
BERNARD GRASSET
ÉDITEUR
61, RUE DES SAINTS-PÈRES, 61
MCMX

Trois Mois en Portugal

S. M. Dom Manoël II

G. LE ROY LIBERGE

Trois Mois en Portugal

OUVRAGE ILLUSTRÉ DE 14 GRAVURES

PARIS
BERNARD GRASSET, ÉDITEUR
61, RUE DES SAINTS-PÈRES, 61

1910

DU MÊME AUTEUR

Impressions d'Extrême-Orient
(Secrétariat de l'A. S. F., 3, rue Boissy-d'Anglas.)
1 vol. . . . . . 3 fr. 50

A MADAME C. CHENU

Vous avez bien voulu, Madame, me permettre de vous dédier cette modeste étude, en souvenir de collaboration à l'Action sociale de la Femme, et d'une mission dont l'heureux résultat est le principal intérêt de ce simple Journal de voyage ; déjà vos encouragements avaient fait naître les Impressions d'Extrême-Orient, sœurs aînées de Trois mois en Portugal.

Ils seront pour ce dernier son meilleur titre à la bienveillance de nos amis.

G. L. L.

Avril 1910.

AVANT-PROPOS

En regagnant la France après un séjour de trois mois en Portugal, j'emportais le vif désir de faire aimer à mes compatriotes un pays trop peu connu de nous, malgré sa proximité, et de leur inspirer l'envie d'aller, eux aussi, visiter les bords si pittoresques du Tage et du Douro, admirer les merveilles de Batalha et de Thomar, se reposer sous les délicieux ombrages de Cintra et de Bussaco : comment se fait-il que nous ignorions ces deux stations incomparables comme séjour d'été, et Lisbonne, comme station d'hiver, avec son ciel toujours bleu, son climat marin plus égal que celui de la Provence ?...

J'éprouvais aussi le désir de témoigner ma reconnaissance aux Portugais pour l'accueil si charmant que j'ai rencontré dans toutes les classes de la société.

Pourquoi ne répondrions-nous pas à la sympathie de cette nation qui considère la France comme « sa mère intellectuelle (1) », nous tendant la main par-

(1) Ce mot est de João Franco.

dessus l'épaule de sa voisine, et rêvant d'une alliance des pays latins ?...

Ce peuple, qui s'est un peu endormi sur sa glorieuse épopée mais qui est resté si vivace parce qu'il est fécond, brave et patriote, est encore la quatrième puissance coloniale du monde ; il a gardé dans sa masse un cœur naïf et bon et ne doit pas être rendu tout entier responsable du crime abominable d'une poignée de conspirateurs francs-maçons.

Et puisqu'un contact assez intime avec la société portugaise m'a permis de constater une fois de plus la puissante influence qu'exerce encore notre patrie, malgré ses erreurs et ses fautes, je voudrais voir nos amis en profiter pour répandre, au cours de leurs voyages, quelques-unes des idées qui nous sont chères et qui peuvent contribuer à l'union des deux pays : « *Por bem !* » suivant la devise du roi Jean Ier, de « *boa memoria* ».

G. Le Roy Liberge.

Trois mois en Portugal

CHAPITRE PREMIER

Le Sud=Express. — Lisbonne pittoresque. — La rue, le port, le marché. — Les tapadas (parcs royaux). — Les environs : ports du Tage. — Les monuments. — Les beaux= arts.

20 *mai* 1907. — Où donc est la belle vaillance avec laquelle je montais dans le Transsibérien, il y a quatre ans, pour aller au Japon ?

Le trajet de Paris à Lisbonne m'effraie presque ; on m'a dit que le Sud-Express était inconfortable, qu'on y était secoué au point d'avoir le mal de mer..... L'expérience est vite faite ; ma place était marquée dans un fauteuil du wagon-salon, mais comme il sert en même temps de fumoir, point n'est d'autre refuge, pour ceux que gêne la nicotine, que les compartiments dont les banquettes sont étroites et glissantes... En m'y étendant pour la nuit, je me sens brisée, mal à l'aise. Les couchettes sont moins larges et moins souples que celles du Transsibérien.

21 *mai*. — Le sommeil vient néanmoins. A 7 heures et demie je me réveille déjà en pleine Castille : que le contraste est saisissant avec la verte France ! A l'horizon, une chaîne rousse et pelée ; des champs arides ; pas d'arbres, pas d'eau, c'est un cercle vicieux ! — Quelques rares vignobles, taches de végétation sur une terre lépreuse ; sauf quelques mules attelées ou montées, la campagne paraît inhabitée ; les villages, très espacés, formés de cubes roussâtres, ont un aspect africain.

A *Valladolid*, on ne voit, du train, que les arcades couleur de sang de la Plaza de Toros, de beaux bois de pins portant chacun leur blessure au flanc, et des troupeaux de moutons noirs s'abreuvant dans des flots couleur d'ocre, mais il y a trente ans, j'ai visité le musée dans les salles duquel des moutons semblables se reposaient à l'heure de la sieste, et la curieuse église de San-Pablo.

Medina del Campo est le point de disjonction des lignes de Madrid et de Lisbonne.

J'y commence ma collection de cartes postales par celle du *Castillo de la Mota*, ruine pittoresque, autrefois résidence favorite d'Isabelle la Catholique.

Les montagnes se sont éloignées ; c'est la plaine immense et nue et, ce qui surprend en cette saison, beaucoup de terres labourées sont sans trace de récolte. Le peu de blé visible est court, déjà épié ; la moisson sera maigre. Quelques attelages de bœufs au labour, des paysans cheminant sur leur âne ; voilà les seuls êtres vivants dans cette plaine à perte de vue.

Pas de fermes, pas d'arbres, pas d'eau : les villages sont ramassés autour de leur église, quasi-forteresse, comme au moyen âge; il y a des siècles de civilisation et un abîme de misère entre ces contrées, et nos plus pauvres régions.

Et pourtant, en voyant ce que le soi-disant progrès moderne a engendré chez nous, de maux et de corruption, j'en arrive à me demander s'il ne vaut pas mieux pour un pays rester pauvre, fier et patriote que de descendre au matérialisme, à l'anarchie, à la lâcheté, à force d'amour du bien-être ! Le culte du veau d'or, la crainte du travail nous amollissent à ce point que bientôt nous serons incapables de défendre contre nos ennemis, restés pauvres mais énergiques, ces trésors mêmes auxquels nous attachons tout notre cœur.

Aussi, l'œuvre urgente, le but de notre action, doit-il être avant tout de relever les âmes, d'y restaurer l'idéal plus encore que de soulager les corps ! Mais combien peu de personnes comprennent encore cette vérité ! leur sensibilité s'attendrit devant la misère et la souffrance ; le dénûment moral ou intellectuel les touche bien moins ; on trouve des millions lorsqu'il s'agit de fonder un hôpital, et les mêmes bourses restent closes lorsqu'on leur demande de faire vivre l'Institut catholique ! Comme le dit si bien Drumont dans *la Libre Parole* d'hier, les viticulteurs du Midi savent s'unir au nombre de 200.000 pour refuser l'impôt parce que leurs intérêts matériels sont lésés ! les catholiques n'ont pas su le faire pour protester contre la spoliation et l'expulsion iniques des ordres religieux enseignants qui étaient une des lumières et des forces de l'Église de France...

Tristes réflexions que je rumine en me promettant d'étudier spécialement au point de vue social et religieux le Portugal que nous connaissons si peu.

11 h. 22. *Salamanque*, au bord du Tormés qui roule ses eaux vives à travers les rochers et les massifs de verdure, élève sur le ciel la masse imposante de ses clochetons gothiques et de ses cloîtres ajourés.

On distingue ceux de la cathédrale, de l'Université, du Collège des Irlandais ; tous ces monuments paraissent bien curieux à visiter, mais il faudrait s'arrêter vingt-quatre heures. Ce sera pour mon retour. En attendant, on nous invite à aller déjeuner au W.-R. qui est cher, mais bien tenu.

A partir d'ici jusqu'à la frontière, ce sont des terres rouges sur lesquelles tranchent la verdure plus grasse et plus fraîche, le feuillage sombre des chênes verts ; la robe noire des bœufs aux grandes cornes me rappelle les buffles du Tonkin.

A *Fuente de San Esteban*, vient se rattacher la ligne réputée si pittoresque de Porto à Salamanque, par la vallée du Douro qui fait avec le sud-express une agréable variante.

Ciudad-Rodrigo, sur son mamelon fortifié, domine la vallée arrosée par l'Agueda où s'ébattent des troupeaux de chevaux et d'ânons dans les frais pâturages, une haute chaîne bleue se profile à l'horizon ; des files de mules traînent de véritables guimbardes qui semblent dater du temps où Théophile Gautier parcourait l'Espagne et en frappait l'inoubliable médaille.

2h. 11. *Fuentes de Onoro* est la dernière station espagnole.

A *Villar Formoso*, la douane portugaise qu'on m'avait

annoncée comme si féroce se laisse sans doute impressionner par mon passe-port diplomatique négligemment présenté, et n'ouvre même pas mes malles !

A peine avons-nous franchi la frontière, que le pays devient comme par enchantement, d'un pittoresque achevé : les chaînes rocheuses de la Serra da Estrella sont semées de genêts d'or et d'argent grands comme des arbres, de buissons de cistes étoilés de leurs blanches corolles, ou tapissées de bruyère violette : au fond des précipices, de limpides torrents roulent sous la verdure, escaladant les barrages naturels formés par les rocs ; les quelques lopins de terre utilisables sont aménagés en terrasses comme sur la Côte d'Azur et les cabanes en pierres sèches bâties au bord des « rios »; les bois de pins se mêlent aux oliviers, la vigne, aux châtaigniers.

Après *Celorico*, le train s'engage dans un défilé sauvage suivant le lit du Mondego qu'il surplombe, tantôt courant sur la crête des coteaux à pic, tantôt les traversant au moyen d'entailles profondes dans le roc ; leurs flancs couverts de pins, de chênes, de vignes, de genêts éblouissants dans un capricieux désordre, les huttes des montagnards posées comme des nids d'oiseaux sur les pentes abruptes, tout cela forme un tableau inattendu et captivant qui me rappelle le Japon par le relief mouvementé du sol, le genre de culture, et la variété de la végétation, mais il manque la mer, et ce cachet artistique qui n'appartient qu'à l'empire du soleil levant.

Gouveia est le plus beau point de la ligne, car les montagnes s'écartent en grandissant, le panorama s'élargit et devient superbe...

Cette région serait amusante à explorer à cheval, mais

un ingénieur français qui a dû y faire des prospections de mines m'a raconté que les gîtes étaient inacceptables ; une fois, il a été bien heureux de trouver asile chez un curé qui ne savait de français que quelques mots appris au séminaire dans un volume des contes de Boccace, seul échantillon de notre langue qui s'y trouvât !

Au crépuscule, *Coïmbre* étage ses vieux édifices au-dessus du Mondego, sur les contreforts de la Serra de Lavrao ; les environs boisés paraissent charmants mais ce n'est qu'une vision fugitive.

Une jeune Portugaise avec qui je cause en dînant me parle des merveilles de la forêt de Bussaco avec ses arbres centenaires plantés par les Carmes du couvent, aujourd'hui transformé en hôtel. C'est une station d'été très fréquentée près de laquelle nous sommes passés avant Pampilhosa, point de jonction des lignes de Porto et de Salamanque. Je compte bien y revenir plus tard, mais en ce moment, j'ai hâte d'arriver auprès de ceux qui m'attendent à Lisbonne !

. . . .

11 h. 50. — Enfin m'y voici, un cher visage m'apparaît malgré l'heure tardive ; nous montons dans une calèche attelée de deux chevaux fringants, le pavé est inégal et l'on est fort cahoté.

. . . .

22 *mai*. — Mais quel curieux tableau me captive le lendemain au réveil ! notre rue présente en raccourci toute la vie portugaise, elle va en montant, du port dont on aperçoit les eaux bleues à travers le feuillage, jusqu'aux Cortès en ce moment vides et muettes au grand déplaisir des politiciens ! Elle est embaumée du parfum

des sumacs en fleurs. Dès le matin, elle est animée par les cris variés, le va-et-vient des marchandes de poisson courant pieds nus, légères et droites sous leurs corbeilles au faix d'argent.

Au bord du trottoir, les vendeurs de citronade installent leur éventaire, les laitières arrêtent leurs vaches ou leurs chèvres pour servir leurs pratiques; les fermières, leurs ânes chargés de légumes, de fruits ou de volailles vivantes, entassées dans un panier sous un filet; les mendiants fourragent dans les boîtes d'ordures; puis passent les attelages de bœufs massifs, traînant une charrette primitive composée d'une simple plate-forme avec quelques pieux plantés autour; les vigoureux mulets, employés ici aux plus rudes travaux, dressés à monter la rue en zigzags avec leur chargement de charbon ou de fagots de sapin; les fringants équipages à deux chevaux; les automobiles aussi font retentir le pavé composé de petits galets; les tramways électriques ouverts qui desservent admirablement Lisbonne circulent incessamment gravissant les pentes les plus raides; le supplice des numéros est inconnu pour les heureux habitants de Lisbonne!

Vers 9 heures j'entends tinter la cloche de la chapelle voisine, où la messe n'est suivie que par quelques mendiantes; parfois, en sort un enterrement avec ses pompeux carrosses noirs et ors, conduits par un postillon, qui ont conservé tout le cachet des siècles de foi, ou un cortège de noces où l'on est surpris de voir se prélasser dans les équipages des gens du peuple en sombreros et fichus !

Vers midi, le soleil dardant ses rayons de feu, le

mouvement se ralentit; il reprend vers le soir; autour de la fontaine monumentale qui se trouve au milieu de la rue, se forment des groupes pittoresques d'attelages qui s'abreuvent au bassin inférieur, de femmes venant remplir la cruche de grès rouge ou le tonnelet posé sur un coussin que leur tête porte avec une aisance inouïe; rien ne donne une allure sculpturale comme cette habitude prise dès l'enfance.

La fraîcheur revient au coucher du soleil; des créneaux de la terrasse fleurie, ornée de faïences, la vue s'étend au loin par-dessus les maisons de toutes couleurs, étagées les unes aux pieds des autres jusqu'au bord du Tage. Les femmes commencent à se montrer au balcon où elles passent une grande partie de leur existence à babiller, à flirter, avec tout le laisser-aller méridional...

* *
*

Dès ma première sortie dans la capitale, visitée déjà il y a vingt-cinq ans, je suis frappée des nombreux embellissements réalisés depuis cette époque : la gare monumentale si commodément située au centre de la ville avec son hôtel Terminus égal à nos « Palaces »; le superbe boulevard de l'Avenida, planté de palmiers et d'arbres de Judée qui, au printemps, forment des voûtes de fleurs cramoisies, les ascenseurs publics hauts comme des maisons à six étages qui vous hissent du bord de l'eau aux quartiers élevés, enfin et surtout, ces tramways si propres, si commodes, qui passent à chaque instant, tels sont les progrès bien modernes dont Paris pourrait envier quelques-uns à Lisbonne. Mais l'honneur nous en revient, la direction de presque toutes les entreprises, chemins de fer, travaux du port, éclairage, etc., étant confiée à des ingénieurs français.

En effet, la sympathie que les Portugais éprouvent pour nos nationaux, constitue à ceux-ci une situation privilégiée et c'est la première et douce surprise qu'éprouve en débarquant le voyageur français ; il découvre que sa langue est comprise et parlée couramment par tous les gens cultivés, que l'admiration inspirée par nos ouvrages scientifiques et littéraires fait affluer ceux-ci aux vitrines des libraires et leur assure la préférence pour les études supérieures, enfin, que c'est notre génie, frère du sien, qui exerce le plus fort rayonnement sur ce peuple ami, au détriment même de ceux dont il a dû subir l'alliance ; aussi les Portugais ont-ils raison de s'étonner à leur tour que si peu de Français les visitent, alors que les difficultés matérielles ne les arrêtent pas pour parcourir l'Espagne où ils sont loin de rencontrer un accueil aussi cordial, des trains plus exacts et des hôtels plus confortables.

Nos touristes surtout, devraient se hâter d'accourir dans ce pays où les beautés naturelles s'allient à un climat merveilleux, où la civilisation n'a pas effacé de sa main niveleuse et utilitaire toutes les traces du passé, car des monuments grandioses racontent de glorieux souvenirs, et la couleur locale est encore intense, non pas tant dans les costumes que dans les mœurs ; aussi, est-ce dans les quartiers populaires qu'il faut aller la chercher.

Dans les rues anciennes qui longent le port, telles que celles de Boa-Vista, de San-Paolo, etc., les boutiques étroites et profondes sont toujours ouvertes et tout l'étalage tient dans la devanture. Celles des confiseurs sont ornées de statues, banderolles, fleurs artificielles, comme de petites chapelles... les boucheries, les vacheries, également revêtues de carreaux de faïences bleues et blanches représentant des scènes champêtres, sur lesquels tranchent les quartiers de viande saignante, ou les vaches noires tachées de blanc, ont un air de grande propreté; les débits de thé qui conservent souvent le nom japonais de « cha » sont fort achalandés, car les Portugais ont été parmi les premiers à apprécier cette boisson... par contre, il n'existe presque pas de restaurants ni de cafés élégants, la sobriété des clients qui se contentent d'un verre d'eau glacée ne leur permettrait pas de réussir.

Sur les quais règne la plus grande animation ; devant les importantes firmes commerciales qui se succèdent sans interruption, les fourgons attelés de mules, les chars à bœufs conduits par le bouvier armé de son long épieu, se pressent en longues files...

Les marchés qui se tiennent sous de vastes halles, regorgent de légumes, de fleurs et de fruits éblouissants. Dans les corbeilles s'étalent : oranges, citrons, olives noires, bananes, cerises, fraises, abricots, pêches, fruits du Nord et du Midi, splendides quoique parfois malsains, que produit côte à côte cette terre fertile ; les volailles abondent, mais le beurre et le fromage sont rares, et la vie est fort chère à cause de la douane et de la hausse du milreis, aussi la sardine et la merluche sont le fond de la nourriture populaire, et, le coin typique de Lisbonne, c'est la poissonnerie, où sur les ta-

Lisbonne — Le Port.

bles de marbre, s'entassent les produits souvent colossaux de la pêche; les robustes « warinhas » femmes des environs de Porto, qui épousent fort jeunes des pêcheurs ou des bateliers viennent y remplir les lourdes mannes qu'elles portent si crânement sur leurs chapeaux de feutre noir, et s'élancent, la jupe retroussée par une ceinture passant autour des hanches, dans tous les quartiers de la ville; elles peuvent gagner à ce commerce de 2 à 3 francs par jour, mais quel dur métier ! n'est-il pas révoltant de voir la partie la plus fragile de l'humanité, vouée aux plus rudes travaux et, par exemple, ce ménage de pêcheurs qui passait ce matin sous ma fenêtre, la femme pieds nus, chargée comme une bête de somme, le mari bien chaussé, les mains vides, se contentant de répéter par moments le cri strident de sa compagne !... C'est le premier indice qui me frappe de la condition inférieure des femmes dans ce pays aux mœurs primitives. J'espère me documenter bientôt à ce sujet, auprès de personnes bien informées, car si les beautés pittoresques m'enchantent, je souhaiterais surtout profiter de mon séjour, pour pénétrer jusqu'à l'âme portugaise.

***

26 *mai*. — Un des grands charmes de Lisbonne, ce sont les parcs royaux, véritables domaines ruraux, qui s'étendent autour des palais et que les personnes munies de cartes sont seules admises à visiter. Nous sommes allés hier à la *Tapada du Palais d'Ajuda*, habité par la reine-mère et son fils Don Alfonso. C'est la seule demeure assez vaste pour servir aux récep-

tions officielles et le roi et la reine, sont obligés de s'y transporter dans ces occasions. Ils résident à l'ordinaire dans l'ancien couvent de las Necessidades.

Des chemins montants et rocailleux, bordés d'ormeaux de Judée, de lauriers de Portugal qui, au mois d'Avril, formaient des masses de fleurs embaumées, nous conduisent à travers des champs labourés, plantés d'oliviers et de pins jusqu'à la hauteur dominant le Tage où s'élèvent le palais et ses dépendances ; la vue est splendide : devant nous Belem et les montagnes qui s'étagent au delà ; le fleuve dont on distingue toutes les sinuosités, à droite, la mer, dont il n'est séparé à son embouchure que par une mince ligne de sable.

Plusieurs villages égaient la côte : des voiles glissent sur l'estuaire ; assis dans un champ d'orge verte, sur les racines d'un olivier nous goûtons longuement le charme un peu mélancolique de ce paysage champêtre si voisin de la capitale, tandis que les enfants jouent sur le gazon ; c'est dans l'enceinte de ce beau parc qu'aura lieu bientôt le concours hippique.

Des terrasses de la *Légation de France*, où nous allons ensuite prendre le thé, le coup d'œil est plus riant ; il embrasse tout le port et la mer de Paille avec ses mâts nombreux le long des quais nouvellement construits, la boucle du Tage formant un vaste bassin, les hauteurs bleues de Sétubal...

Un ravissant jardin, encore tout fleuri de ses bougainvillas, entoure l'ancien palais des ducs d'Abrantès, dont les superbes salons peints à fresques forment un cadre digne de la grâce et de la distinction des personnages d'élite chargés d'y représenter la France. Impossible de joindre plus d'aménité à plus d'esprit et de charme !

On nous fait visiter les salles de fête, les appartements donnant sur la merveilleuse terrasse et la chapelle, fort curieuse avec ses rocailles dorées, ses reliquaires, ses grandes faïences représentant des scènes de la Passion. Malheureusement le propriétaire en a enlevé les statues ; quelle grandiose et délicieuse demeure ! Sous ces voûtes élevées et ces beaux ombrages, les chaleurs de l'été doivent passer inaperçues.

En sortant pour aller respirer la fraîcheur du soir au petit square voisin, nous sommes dépassés par un élégant équipage où se trouve une dame, avec un jeune homme, qui nous salue la première et se retourne pour nous regarder... A peine ces messieurs ont-ils eu le temps de reconnaître la gracieuse Reine qui témoigne si ouvertement ses sympathies françaises !... jamais elle ne manque de reconnaître les personnes qui lui ont été présentées une fois.

Du square plein de roses et de palmiers qui domine le Tage, la vue est idéale à cette heure où les couleurs s'adoucissent, où les lointains se fondent dans une teinte rosée, les collines d'en face semblent se rapprocher. Malgré tout, une certaine tristesse plane sur ce décor si beau qui semble un peu vide et trop grand pour la population qui s'y meut. On sent l'absence de ces vaisseaux qui faisaient naguère un commerce si actif avec les colonies portugaises ; le théâtre est resté trop vaste pour les personnages actuels et la vie semble s'en être retirée...

* *

Dimanche 2 juin. — En été, des services de bateaux desservent, le dimanche, les petits ports du Tage : nous prenons aujourd'hui celui de *Trafaria*, qui est le dernier village sur la rive gauche. Un vent frais nous caresse tandis qu'au son des guitares nous fendons les flots bleus du fleuve et en une demi-heure nous sommes débarqués sur la petite plage où les cabines sont encore inoccupées.

Le terrain est sablonneux et brûlant, il ne nourrit qu'une maigre végétation de pins rabougris et de plantes grasses, aromatiques, les joubarbes dont les larges étoiles roses et jaunes brillent au soleil ; cependant nous trouvons un abri auprès d'une fontaine, au pied du fort dont nous allons tenter l'escalade par un sentier de sable mouvant, dont la vue, au sommet, nous récompense de notre peine. La barre du fleuve est sous nos pieds, au delà, c'est l'océan immense ; en face, la rive droite sur laquelle on aperçoit les petits villages de Cascaes, Mont. Estoril dominé par les hauteurs bleues de Cintra ; des voiles, des bateaux à vapeurs montent et descendent, la poitrine se dilate à respirer l'air du large : l'œil se complait à admirer les couleurs de ce beau paysage méridional.

Au retour, Lisbonne se déroule au soleil couchant qui prenant en écharpe tous les édifices leur donne un singulier relief en plongeant dans une ombre violette toutes les parties non éclairées : la tour et le monastère de Belem se détachent en noir sur une coulée d'or ; les parcs royaux font de grandes taches de verdure sombre ;

Panorama de Lisbonne.

les dômes d'Estrella, les cyprès du cimetière, la cathédrale avec sa coupole et ses clochetons dorés dominant tout l'ensemble, s'élancent dans le bleu des airs, puis d'autres églises, le palais d'Ajuda, gigantesque édifice, les Necessidades, bloc rouge sur fonds vert, d'innombrables maisons peintes de vives couleurs, souvent revêtues de faïences et séparées par des masses épaisses de végétation, parfois, un palmier qui donne au tableau une note orientale, s'étagent et se pressent sur cette suite de collines et descendent jusqu'au fleuve, dessinant ainsi entre l'argent des flots et l'azur du ciel, une toile vivante et colorée de trois lieues de long, comparable au panorama du golfe de Naples.

7 juin. — L'aspect est encore plus grandiose si l'on part de l'embarcadère de *Caye de soudré* pour aller en face à *Cacilhas*; la traversée est de dix minutes seulement, car c'est l'endroit où le fleuve est le plus resserré entre les dunes de sa rive gauche et les quais de la ville. Le courant est si puissant suivant la marée, qu'il est impossible de ramer en sens contraire et le canotage n'est sans danger que sur la mer de paille. Ce soir quoique le vent ne soit pas très fort, les barques dansent sur les vagues et notre vapeur a un fort balancement. Nous passons tout près du vaisseau-école qui reste amarré dans la baie, des torpilleurs, des paquebots de provenances diverses qui peuplent et animent ce port où toute une flotte pourrait tenir à l'aise.

A Cacilhas, près du débarcadère, de nombreuses voitures attendent le touriste, et celui qui parle portugais, jouit alors d'un sérieux avantage. Pour nous monter à *Almada*, situé au faîte de la colline, le prix est de 1.500 reis;

la route est assez dure et les chevaux grimpent la côte au galop. Nous sommes en un quart d'heure sur le glacis de l'ancien fort qui domine la baie; devant nos yeux ravis s'ouvre un panorama immense et splendide. En face, c'est Lisbonne massée en amphithéâtre, et derrière laquelle le Tage fuit jusqu'à la ligne plate de l'horizon ; à gauche, les deux rives dentelées du fleuve qui vont s'élargissant jusqu'à l'océan ; à droite c'est la baie nommée *Mer de paille*, semblable à un lac immense dont les bords sont égayés de villages et de verdure, les eaux sillonnées de voiles et de bateaux à vapeur ; sur tout ce tableau le soleil répand une ardente lumière et de grands nuages font passer leurs ombres changeantes.

Nous avons peine à quitter ce merveilleux belvédère pour redescendre à *Alfayete*; la route, pavée de galets qui vous cahotent fortement, traverse le village en fête : on danse autour du kiosque où se tient la musique, de nombreuses cavalcades fort gaies se promènent sur les petits ânes du pays ; les hauts talus sont bordés d'énormes aloès couverts d'une poussière rougeâtre, d'eucalyptus au tronc tordu, d'oliviers et de vignes qui verdoient dans de frais vallons. Nous rencontrons aussi des fabriques de liège et des minoteries.

Devant la grille de la *Quinta*, il faut mettre pied à terre et montrer sa carte, car ce parc royal n'est pas ouvert au public et il est interdit d'y apporter des paniers ou des provisions : les enfants du concierge vous demandent l'aumône pour leur petit autel de saint Antoine dressé en plein air.

On monte entre deux murailles végétales de buis hautes de six pieds jusqu'à un tertre sablonneux planté de grands pins, où une surprise vous attend ; sous les sombres parasols qui se dressent à pic au-dessus des eaux bleues pâles, c'est encore Lisbonne, mais lointaine et vaporeuse comme une ville de rêve à demi cachée par un promontoire ; puis, s'incurvant, la côte se relève en hautes falaises rouges au-dessus desquelles se penchent des arbres exotiques, derrière le petit port de Barreiro, les rochers de Palmella se dentellent sur l'horizon ; on se demande si on est transporté dans un paysage de Grèce, sur les bords d'un lac d'Italie, ou si c'est une fresque de Puvis de Chavannes qui a pris corps et que des voiles, des barques animent de gracieuses silhouettes. Des heures se passent à contempler cet idyllique et ravissant tableau que le coucher du soleil embellit encore ; allongé sous les ombrages, on goûte un repos délicieux, mais il faut pourtant s'y arracher pour descendre à travers bois jusqu'à la Quinta, villa italienne rarement habitée par ses hôtes royaux. Elle est plantée sur la grève, entourée de superbes wellingtonias et de bouquets de palmiers ; un ficus dont les puissantes racines sont comparables à celles des arbres de Ceylan, un palmier jubaca au tronc gros comme un pilier de cathédrale, sont parmi les curiosités végétales du jardin fleuri de géraniums, d'œillets, de glaïeuls qui remplit un petit enclos derrière la villa.

*
* *

Sur la rive droite du Tage une ligne de chemin de fer dessert toutes les petites plages qui se sont créées depuis quelques années ; les deux principales sont *Mont-*

Estoril qui possède un bon hôtel entouré de bois de mimosas dont les ombrages fleuris doivent être délicieux en hiver, et *Cascaes* plus connu, mais moins agréable, il me semble, car on doit y rôtir en été, et rien ne vous abrite du vent du large. La houle bleue se brise en flots d'écume sur les falaises rocheuses qui bordent la côte comme une muraille infranchissable : elle pénètre en mugissant dans la caverne célèbre de la *Bocca d'Inferno*.

*
**

13 *juin*. — La fête de saint Antoine de Padoue est l'une des plus populaires en Portugal ; déjà depuis plusieurs jours on entend le soir des pétards et des sérénades ; dans les rues des bandes de jeunes gens se promènent avec des lanternes vénitiennes, on va en pèlerinage à la maison natale du saint, transformée en église ; enfin, en son honneur ont lieu des danses populaires sur le Rocio ; malheureusement, c'est à une heure trop tardive pour nous. Du moins, je veux avoir le coup d'œil des courses de taureaux qui ont lieu tantôt, avec le célèbre Bombita.

Un tramway nous conduit au *Campo Pequeno*, les arènes sont immenses et à moitié remplies seulement ; devant les loges, retombent des draperies aux couleurs vives qui égaient l'enceinte, les toilettes sont claires et voyantes.

Tout d'abord les cuadrillas viennent parader devant l'assistance et les favoris saluent et resaluent la foule dont ils guettent les applaudissements ; cela occupe quelques instants la scène. Soudain un des palefreniers en bonnet vert, ouvre une porte, le taureau se précipite dans le cirque ; il court droit à l'homme ou au cheval qu'il aperçoit devant lui, c'est le moment palpitant : le toréador, s'il est habile, l'attend de pied ferme et au moment où l'animal furieux arrive sur lui tête baissée, l'évite par un déplacement du corps et lui plante en même temps dans l'échine les deux premières banderillas.

Bombita excelle à ce jeu, on voit qu'il connaît par cœur le caractère de la bête, il en fait ce qu'il veut, si bien que le taureau maté finit par rester immobile, il n'y a plus qu'à faire entrer le troupeau de bœufs aux grosses clochettes pour le ramener à l'écurie.

Le cavalhero, en superbes habits à la française, de satin clair, tout enguirlandé de broderies, et monté sur un cheval fringant, lutte aussi de ruse et d'adresse pour planter les banderilles en évitant le choc du taureau dont les cornes quoique emmaillotées ne seraient pas bonnes à rencontrer. Aussi, la course est-elle plus intéressante qu'en Espagne où les malheureuses haridelles ne sont plus bonnes que pour l'abattoir. Ici, le sang ne rougit pas l'arène et, si le spectacle est moins dramatique, il gagne en élégance ; cela fait honneur au bon goût des Portugais.

Lorsque le moment de tuer l'animal est arrivé, le spada fait avec l'épée de bois le simulacre, et le taureau rentre vivant au toril pour resservir à la prochaine course, ce qui le rend souvent plus dangereux. Parfois un toréador saute par-dessus l'animal au moyen d'une longue perche, et pour l'emmener, la troupe des palefreniers l'entoure, l'un d'eux se jetant au-devant des cornes est enlevé en l'air en un clin d'œil ; c'est peut-être ce qu'il y a de plus dangereux et ce qui fait le mieux sentir la force du taureau que sa bêtise seule empêche de bousculer son adversaire; il lâche la proie pour l'ombre et l'homme pour le *pallo* qu'il agite sous ses yeux.

Au retour, je suis émerveillée de la bonne organisation grâce à laquelle les tramways se trouvent en nombre suffisant pour emmener la foule des assistants... Nous allons dîner au restaurant, très peu fréquenté, de même que les cafés ; aucune table sur les trottoirs : cela n'est pas dans les mœurs. Le soir, il y a kermesse au Jardin d'Estrella pour une fête de bienfaisance. Les allées sont illuminées, plusieurs orchestres y jouent, mais sur les estrades il n'y a que des bambins depuis trois ans jusqu'à douze, dansant gravement sans leurs parents qui les laissent ainsi veiller jusqu'à minuit. Étranges éducateurs, ils les mènent aussi, paraît-il, au théâtre !

*
* *

17 *juin*. — Le monument le plus important de Lisbonne est le monastère de *Belem*, élevé par Emmanuel Ier en reconnaissance de la découverte des Indes par Vasco de Gama et qui traduit d'une façon splendide l'état d'âme du peuple portugais exalté par les récits des navigateurs. Mon souvenir en était resté si net, que l'impression a été la même bien qu'un peu affaiblie, comme pour tout ce que je vois une seconde fois. Le jardin intérieur du cloître n'est plus aussi fleuri que naguère, sans doute à cause des enfants qui l'habitent. Il y a là sept cents jeunes garçons orphelins recueillis

par l'État et recevant une éducation professionnelle. Du moins le sentiment religieux n'en est pas banni et ils assistent aux offices. Ce sont eux qui remplacent les moines dans l'immense réfectoire tout revêtu de superbes azulejos où chacune des cinq tables en reçoit 150, puis dans les dortoirs bien aérés et aussi vastes.

Le musée ethnologique qui est en train de s'organiser dans la Casa pia n'est pas encore visible. La partie moderne est toujours en reconstruction.

La partie ancienne a beaucoup d'originalité et de caractère et surprend par ce mélange propre au Portugal, de gothique, de renaissance et de réminiscences mauresques et indoues qui constitue le style dit *manuelin*, et qui groupe en une même splendide décoration tout ce qui est historique ou glorieux en ce pays.

La cathédrale aux nefs d'une immense hauteur est soutenue par des piliers un peu minces, comme les mâts d'un vaisseau, autour desquels s'enroulent des feuillages dorés, le portail est merveilleusement sculpté dans sa triple arcade aux pinacles couronnés de statues, mais c'est en entrant dans le cloître, un des plus beaux du monde, qu'on est saisi d'admiration ; deux rangs d'arcades superposées autour d'un jardin carré découpent leurs festons de dentelle et leurs fenêtres à jours sur la profondeur des galeries. La fraîcheur des roses, la verdure des palmiers fait ressortir la vétusté de la pierre couverte de sculptures plutôt énergiques que délicates. Tout le long des piliers courent des arabesques renaissance, des chimères, des oiseaux au milieu des rinceaux ; les colonnettes des arcades et les rosaces qu'elles soutiennent ont toutes des dessins variés, et les motifs maritimes, cordages et sphères armillaires, faune et flore des océans reviennent souvent en souvenir de Vasco de Gama.

Dans un coin se trouve une fontaine portée par un lion dressé ; d'un autre coin on aperçoit la coupole blanche et les clochetons de la cathédrale qui s'élève au-dessus du toit en terrasse du cloître ; mais l'effet caractéristique et, je crois, unique en son genre, de ce monument, ce sont ces festons de pierre à jour répétés à deux étages tout le long des arcades qui donnent une légèreté toute spéciale à cette vigoureuse architecture.

C'est du superbe jardin en face le monastère, qu'on l'admire le mieux en se reposant à l'ombre des arbres rares ; autrefois, le Tage s'étalait presque jusqu'au pied du cloître, il a été endigué et le quartier s'est trouvé assaini, puis les terrains gagnés ainsi ont permis de construire la voie ferrée qui relie tous les petits ports de la rive droite jusqu'à Cascaes. Le long faubourg de la Jonquaria que suit le tramway de Belem contient de jolies villas et le palais royal où sont logés les princes étrangers en visite ; dans le manège, peint à fresques de sujets hippiques, sont exposés les splendides carrosses historiques qui en sortent aussi pour les réceptions de la cour ; il y en a d'extrêmement curieux et suggestifs comme celui de Philippe II, d'un aspect sombre et sévère, tout en cuir foncé sans autre ornement que ses clous dorés ; puis des berlines somptueuses tout en glaces et vernis Martin et enfin, les carrosses triomphants servant aux couronnements, lourdes machines ornées devant et derrière, de groupes de figures dorées dont certaines symbolisent les cinq parties du monde. Ceux-là sont en velours, aux teintes fanées, mais ils attestent encore toute la richesse de la cour portugaise à cette époque de faste insensé.

Les autres monuments recommandés par le guide, *São-Roque*, le *Musée archéologique*, présentent bien moins d'intérêt ; ce dernier est pittoresque comme ruine avec ses arceaux à ciel ouvert sous lesquels s'élancent les palmiers, mais la collection est des plus médiocres ; l'Église de la *Conception* n'a de remarquable que son portail fort beau et richement orné.

En revanche, on ne sait pas assez l'intérêt exceptionnel que présente l'ancien couvent de *Madre de Deus* fondé par la reine Éléonore, veuve de Jean II, et transformé en asile de vieillards, dont le portique est un hymne de beauté. La superbe chapelle restée intacte et revêtue de faïence jusqu'aux deux tiers de sa hauteur, puis de peintures encadrées d'or qui couvrent la voûte, représente un des meilleurs spécimens du style manuelin qui a donné au Portugal 62 églises ou monastères; sur les piliers de marbre blanc courent de légères guirlandes en bois doré ; l'ornementation est à la fois somptueuse et artistique. Pour monter à la chapelle supérieure, dédiée à saint Antoine, d'où l'on embrasse tout l'intérieur, on passe par un bijou de petit cloître rectangulaire à deux étages de fines colonnettes, et l'on monte un escalier tout tapissé d'azulejos ; à droite et à gauche du chœur, deux grands panneaux attribués à Memling représentent les donateurs; dans la sacristie se trouve aussi un mariage de sainte Claire et une autre toile fort belle des écoles flamande ou portugaise, car il y a eu entre elles deux, dès le quinzième siècle, un échange d'influences qui rend souvent difficile de les distinguer; si Van Eyck a séjourné quelque temps en Portugal, beaucoup d'artistes de ce pays allèrent étudier dans les Flandres, et y portèrent aussi, dit-on, le type des dentelles dites de Bruges. Le goût des étoffes somptueuses et des perspectives immenses est commun aux primitifs des deux pays dont les œuvres se trouvent mélangées au *Musée des Beaux-Arts* ; ouvert seulement le jeudi et le dimanche, il voit si rarement des visiteurs que lorsque j'y pénètre, les gardiens de chaque salle me saluent tour à tour comme un phénomène...

J'y remarque un curieux portrait du quinzième siècle de **Vasco da Gama**, mais le musée ne possède rien du plus fameux des peintres anciens GRAO VASCO dont la toile célèbre, *le Calvaire*, est, dit-on, si remarquable par son art fort, grave et doux. Toute une salle est consacrée à DOMINGOS SEQUEIRA le plus puissant, après Vasco, des artistes portugais, dont la *Descente de Croix* montre un génie sombre et tragique; ses nombreux dessins révèlent toute la vie de son temps qui fut celui de la grande renaissance artistique due au marquis de Pombal, après deux siècles de crépuscule, sous l'influence espagnole et jésuitique.

Parmi les artistes modernes, qui s'inspirent tous de l'art français, sont COLUMBANO, le décorateur du musée d'artillerie; le paysagiste SILVA PORTO ; MUNOY DEGRAIN dont l'*Assassinat de Desdémone* est une des toiles les plus intéressantes du Musée avec le *Meurtre d'Inès de Castro*; RAPHAEL BORDALLO, le caricaturiste, rival de Gavarni, qui a créé le type national de *Zé Povinho*, le Jacques Bonhomme portugais succombant sous le poids des impôts et se révoltant contre les prétentions britanniques représentées par John Bull « avaleur breveté de colonies ». La céramique lui doit aussi des chefs-d'œuvre.

La sculpture où ont excellé les Portugais, sur pierre et sur bois, est représentée par TEXEIRA LOPEZ, auteur de la *Statue de sainte Isabelle*, et de *la Viuva*, femme résignée, au regard douloureux qui nourrit son enfant, et par SOARES DOS REIS dont *l'Exilé* et *le Souvenir*, où s'est incorporée l'âme mélancolique de la race, sont les deux œuvres capitales.

Mais la partie de la galerie consacrée aux objets d'art est la plus riche en produits originaux et par conséquent la plus intéressante pour l'étranger.

Le vestibule, offre une curieuse collection d'*azulejos* des seizième, dix-septième et dix-huitième siècles. Cette décoration murale en carreaux de faïence héritée des maures, mais transformée en ce type bleu et blanc si en harmonie avec le ciel du Portugal, et si variée dans ses sujets, remplace d'une façon inusable et unique en son genre, les fresques et les tapisseries dont les plus beaux spécimens disparurent dans le tremblement de terre de 1759 ou furent enlevés par les Espagnols. Toutefois ceux qu'on produit actuellement ne valent pas ceux d'autrefois, soit par le dessin trop compliqué et trop réaliste, soit par la couleur trop vive.

Dans les salles, désignées par les lettres de l'alphabet de J à O, sont amoncelées de magnifiques broderies où, parmi celles rapportées de l'Inde, de la Perse et de la Chine, brillent d'un cachet particulier les précieuses chapes et dalmatiques des cathédrales de Guimaraës, Coïmbre, et Braga, etc., reproduisant avec des fils d'or, sur fond de brocart ou de velours, des motifs architecturaux.

La tradition de ces industries artistiques s'est conservée à Madère de même que celle des dentelles à Péniche et Vianna, et Bordallo l'a introduite à Lisbonne; les vitrines contiennent aussi des costumes Louis XV et Louis XVI, habits en velours brodés de fleurs, jupes de damas à grand ramages ; puis des plats hispano-mauresques aux reflets vert et or, des faïences portugaises très originales, à dessins bleus ou jaunes, provenant des fabriques de Rato et de Cavaquinho; enfin, viennent des tables et cabinets incrustés d'ivoire, de nacre et d'argent, puis tous les trésors enlevés aux couvents, qui, du moins, n'ont pas été la proie des brocanteurs et des liquidateurs. Parmi ceux-ci, le plus célèbre est l'ostensoir de Belem ciselé par Gil Vicente dans le premier or venu des Indes : les mitres, crucifix, crosses sont ornés d'émaux précieux et tout constellés de topazes, d'émeraudes, et d'améthystes d'une grosseur inouïe, et les candélabres et les plats d'or et d'argent tellement ciselés et couverts de figures, qu'il ne s'y trouve aucune place vide d'ornements. Cette richesse exubérante se retrouve encore aujourd'hui dans les bijoux populaires de la région de Porto, composés de cœurs et de boucles d'oreilles massifs, dans les meubles sculptés des palais et des églises, et c'est le caractère dominant du style de l'orfévrerie portugaise, qui chante, comme l'architecture et la sculpture, le poème des découvertes du seizième siècle.

Parmi les beaux-arts, la musique est actuellement le plus cultivé : l'Opéra de San Carlos est très fréquenté pendant la saison, car il résume à lui seul presque toute la vie mondaine peu développée dans les salons ; les étoiles du chant ne manquent pas de l'inscrire sur leur tournée européenne. D'ailleurs, le Portugal doué d'un sentiment musical très intense, a contribué à toutes les époques à l'évolution de l'art, depuis les temps anciens où existait le « villancico », cette singulière collaboration des chants profanes dans les églises avec les chants liturgiques, jusqu'à nos jours où une part très grande est encore laissée aux chants et aux danses populaires dans les fêtes religieuses.

Le directeur actuel du Conservatoire, M. Rey Colaço, musicien consommé a été le premier à recueillir le folklore portugais, et rien n'est mélancolique et langoureux à la fois comme ces chansons du fado : « Margherita à la fonta », etc., que nous avons eu le plaisir d'entendre dire par une Portugaise d'un vrai talent dont la voix chaude emplissait de ses ondes sonores les voûtes du palais d'Abrantès, où tous les arts sont en grand honneur.

Quant à la littérature, pour pouvoir apprécier son état actuel, il faudrait une étude approfondie de la langue et du génie portugais qui ne sont guère accessibles à une étrangère de passage, mais, si j'en crois les personnes bien renseignées auxquelles j'emprunte les indications suivantes, il règne en France sur le caractère de ce peuple un préjugé dont il importe de nous défaire tout d'abord.

Loin d'être exubérant et expansif, le tempérament national est essentiellement triste, peu communicatif et comme fatigué de ses lointains exploits. Il traverse d'ailleurs une crise peu propice à l'épanouissement des œuvres littéraires, si ce n'est sous la forme poétique, où ce caractère rêveur, qui ne se prête pas à des études suivies, exhale sa sentimentalité morbide, tournant ses regards vers le passé avec un pessimisme nonchalant : Joao de Deus par son double génie intuitif de lyrique et de pédagogue éducateur avait été le précurseur de tous les poètes lyriques depuis 1865. Anthero de Quental a laissé des *Sonnets* d'une beauté de forme parfaite, tragiques « Mémoires d'une conscience » fascinée, comme celle de Pascal, et torturée, *jusqu'au suicide*, par l'incompréhensible énigme de la destinée humaine.

A sa suite, cherchant leur inspiration dans les aspirations morales et sociales, et les problèmes de la vie, Théophile Braga dans ses *Visions des Temps;* Guerra Junqueiro dans *la Mort de Don Juan, Les Simples* ; Gomes Leal dans *l'Antéchrist*, ont entrepris d'écrire l'*épopée de l'humanité*, mais ils se laissent pénétrer des nébulosités d'un panthéisme spiritualiste et d'un esprit révolutionnaire.

Un autre groupe s'attachant davantage à l'impeccabilité de la forme a mérité le nom de *parnassien*, et a donné d'intéressantes peintures des paysages locaux; telles sont : les *Miniatures* du Brésilien Gonzalves Crespo ; les *Cancoes da Mondego* par Manuel da Silva Gayo; *Aquarelles*, de Jayme de Séguier; *Élégie sur la mort d'une mouche* de Manuel Duarte d'Almeida ; *le Livre des solitudes*, écho du folklore andalou, de Fernandeo Costa, et le *Voyage par terre au pays des Songes* du maître humoriste Joao Penha.

Si la langue du Camoëns était répandue en Europe, comme dans les hémisphères du nouveau monde, la réputation d'Oliveira Martins, l'historien du *Portugal contemporain*, critique sévère et courageuse de l'histoire constitutionnelle de ce pays et chef-d'œuvre de l'écrivain, égalerait celle d'un Michelet : la gloire de Camille Castello Branco, qui a embrassé tous les genres et présente une image complète, en 262 volumes, de la société portugaise, équivaudrait à celle d'un Balzac : son roman ; *Amour de perdition* porte l'empreinte de ce sentiment passionné qui a rendu si célèbres les *Lettres de la religieuse portugaise*.

Sans être un imitateur de Flaubert, Eca de Queiroz en rappelle les traits caractéristiques dans ses sujets très portugais : *le Cousin Bazilio*, *les Maia* ; et le style éblouissant dans ses descriptions de paysages orientaux et chinois.

Enfin, *la Hollande* de M. Ramalho Ortigao nous fait apprécier, autant que Fromentin, la valeur des Maîtres d'autrefois, et dans son livre *le Culte de l'art en Portugal*, comme dans ses pamphlets : *les Farpas*, (Fléchettes) il a percé des dards de son indignation tout ce qui est banal, médiocre et plat. En ce moment, le poète le plus connu au dehors, est Eugenio de Castro qui, à 27 ans, a déjà été traduit dans toutes les langues, et personnifie le triomphe des formules modernes.

Au théâtre, on peut citer Gervasio Lobato et D. Joao de Camaro dont les *Velhos* ont eu à Bruxelles un si retentissant succès. On ne saurait oublier dans cette courte revue l'éminente femme écrivain Maria-Amélia Vaz de Carvalho, critique de la plus haute valeur, qui a fait : *A vida do duque de Palmella*, *Cartas as maes*, *Cartas a uma Novia*, et qui dans *Terra bendita*, et *Virgina de Castro*, cherche à diriger l'éducation féminine dans le sens de l'équilibre intellectuel.

On pourrait s'étonner que l'influence de tant d'écrivains éminents, si vigoureusement acerbes dans leurs critiques, et qui savent si bien monter les plaies dont souffre l'organisme social, se fasse si peu sentir dans la vie nationale, car c'est grâce à des ouvrages tels que *la Case de l'Oncle Tom*, et *les Ames mortes* que des lois réformatrices ont été rendues possibles en Amérique et en Russie, mais la raison est qu'on lit fort peu en ce pays, surtout en portugais ; l'effort des écrivains, s'il est resté jusqu'ici infructueux, n'est pas moins méritoire et digne d'être signalé.

CHAPITRE II

Lisbonne religieux et social. — Le travail des femmes à Madère.

Vendredi, 7 juin. — La fête du Sacré-Cœur, l'une des nombreuses fêtes chômées en Portugal, devant être rehaussée par la présence de Leurs Majestés à la *basilique d'Estrella*, je m'y rends d'assez bonne heure pour y avoir une place sur leur passage, et, après avoir entendu une première messe, je ne songe plus qu'à observer.

Le laisser-aller à l'église est vraiment incroyable ; même en un pareil jour doublement solennel, les nombreux bedeaux, revêtus de la robe de drap rouge ou violet par-dessus leurs habits civils, vont et viennent, sans but apparent, causant presque tout haut, les femmes, les enfants en guenilles viennent voir les préparatifs, entrent jusque dans le chœur, une petite fille dont les pieds sont couverts de boue, s'agenouille au beau milieu du tapis déroulé pour Leurs Majestés ; une grosse dame qui se hâte d'entrer, ne la voyant pas, la heurte et manque de culbuter sur son corps : personne ne dérange l'enfant ; du reste, avec cette habitude de s'agenouiller ou de s'asseoir n'importe où, à l'église, les femmes y adoptent les postures les moins recueillies qui ne seraient jamais tolérées chez nous; en se saluant, elles s'embrassent ; le clergé manque aussi de tenue et de dignité : tous ces petits abbés, en costume nacarat et aube courte, qui circulent, ont l'œil bien vif, l'aspect mondain, et il est triste d'entendre dire d'une voix unanime combien le clergé est loin de ressembler au nôtre pour le zèle et la pureté des mœurs ; peut-être une des causes est-elle l'interdiction du port de la soutane qui subsiste depuis l'expulsion des Ordres religieux. Le costume ecclésiastique impose une certaine retenue, tandis que, privés de ce soutien, les prêtres portugais fument avant de dire leur messe, vont au théâtre fréquemment, et ne s'occupent que fort peu de leurs ouailles. Il y a cependant, depuis la nomination récente de quelques évêques, une tendance vers la réforme. Faudrait-il donc bénir la persécution qui, chez nous, impose une attitude toute différente au clergé?...

Enfin, arrivent les gardes royaux avec leur habit à la française, en drap rouge tout orné de galon jaune tigré de bleu, aux couleurs portugaises, armés de hallebardes décoratives, ils font la haie sur le parcours du cortège, ayant bien de la peine à empêcher les femmes qui entrent sans cesse et les enfants, de dépasser les limites assignées au populaire. J'admire leur longanimité, car la consigne serait autrement sévère chez nous, du reste ils rient et causent entre eux. Une grosse dame, ma voisine, dont la robe cossue de damas bleu et noir est agrémentée de boutons dorés au milieu du dos et sur la poitrine, est au mieux avec le maître des cérémonies qui finit par la caser dans une place privilégiée; aimablement, elle me fait signe de venir la rejoindre, mais je préfère rester où je suis.

Voici justement le cortège qui se forme pour aller au-devant de Leurs Majestés : d'abord les bedeaux, les enfants de chœur, puis les chanoines, la croix paroissiale, enfin l'évêque, mitre en tête, revêtu d'un ornement étincelant et soutenu par deux acolytes : l'orgue joue un air dansant, et soudain, passe assez près pour me toucher, un gros homme auquel son embonpoint excessif enlève tout prestige, malgré l'uniforme et un air d'autorité : les traits sont empâtés, l'œil est dur : en somme le premier aspect de Dom Carlos n'est pas très sympathique. Tout autre est l'impression produite par la Reine ; plus grande que son époux, imposante et gracieuse à la fois, elle salue légèrement à droite et à gauche, sa physionomie respire la bonté, le désir d'être aimable, et une petite Portugaise, ma voisine, s'écrie :

— *A Rainha tam bonita...*

Le couple royal, suivi de l'état-major en uniforme et décoré d'Ordres de toutes couleurs, va s'agenouiller à la chapelle du transept où est déposé le Saint-Sacrement, avant d'aller prendre place dans le chœur, sous le dais, à gauche du maître-autel qui abrite trois fauteuils semblables; en face, est celui de l'officiant qui ne le quitte qu'au moment de la Consécration, et cela semble singulier de lui voir dire assis les prières de la messe ; à l'évangile, un diacre va en faire la lecture aux personnages royaux qui se lèvent pour l'entendre et font le signe de la croix, la reine s'agenouille fréquemment et tient un livre...

L'heure avancée m'empêche de rester jusqu'à la fin de

l'office : d'ailleurs j'ai vu le plus intéressant ; l'église est pleine de curieux ; sur la place d'Estrella. dans un pittoresque désordre, les lanciers de l'escorte, les soldats, les équipages, sont groupés sous les beaux palmiers qui l'ombragent. Dans les circonstances actuelles, c'est un geste assez crâne du roi, de venir ainsi au milieu du peuple; par ce temps de bombes et d'anarchie, il risque peut-être sa vie...

D'après des renseignements recueillis à bonne source, la situation politique est en effet assez tendue; des signes de désaffection ont éclaté depuis la grève des étudiants de Coïmbre qui se sont révoltés contre le renvoi de quelques-uns des leurs, et la dissolution des Cortès qui rendaient tout gouvernement impossible par leur obstruction. Au théâtre, une manifestation anti-royaliste s'est produite; aux courses de taureaux, Dom Alfonso a été sifflé et s'est retiré tandis que les républicains ont été applaudis. Leurs journaux traduits en justice ont été acquittés avec acclamation. Les chefs de ce parti peu nombreux, mais très remuant, sont comme en France inféodés à la franc-maçonnerie qui complote à la fois contre la dynastie et le catholicisme.

La secte compte douze loges dont une française, et vient de fonder la première loge féminine conférant à ses initiées les mêmes droits que les Loges masculines; comme partout, elle a su prendre les devants pour organiser son action : créant un journal très répandu : *la Vox do operario*, glissant dans toutes les corporations, sociétés de secours mutuels, etc., un de ses membres qui dirige les délibérations et les pousse dans le sens antireligieux; multipliant les conférences pour engager ses adeptes à se faire inscrire au registre civil au lieu de celui de l'église, ce qui entraîne souvent l'abstention du baptême ou du sacrement de mariage, une des deux déclarations suffisant en Portugal ; elle a réussi à faire fermer les écoles libres qu'on avait essayé de fonder à côté de celles de l'État, encore neutres en majorité.

Bien qu'un million seulement d'individus sur cinq, sachent lire, ils n'en subissent pas moins l'influence de la mauvaise presse qui, seule, mène une propagande très active et dont la lecture est faite tout haut dans les cercles. Lorsque la population entière saura lire, il est à craindre qu'elle n'ait, en même temps, absorbé les doctrines subversives.

Déjà, depuis vingt-cinq ans, la religion a beaucoup diminué. L'ignorance et la superstition ont augmenté en proportion ; naguère les hommes du peuple se découvraient sur le passage du Saint-Sacrement, accompagné de confréries lorsqu'il se rendait processionnellement auprès des malades. Maintenant on a dû renoncer à lui rendre ces honneurs, le Viatique est porté en secret, comme en France, et si quelques malades consentent à le recevoir avec pompe, il faut craindre que ce soit dans un but intéressé ; les prêtres sont obligés de sortir en costume laïque, ce qui nuit à leur prestige, peut-être aussi à leur tenue. Par contre, ils ne peuvent refuser leur concours à ces étranges cérémonies où les statues des saints (« cirios ») costumées dans un goût bizarre, sont portées en grande pompe dans les rues et quelquefois en bateau jusqu'à des lieux de pèlerinage où les réjouissances populaires prennent un caractère plutôt païen que chrétien, comme aux fêtes d'Atalaya, sur le Tage.

Un premier coup très sensible avait été porté au clergé en 1834 par la suppression des Ordres religieux. Lisbonne possédait alors 450 couvents ; quelques-uns ayant pris parti pour Dom Miguel, oncle et compétiteur au trône de Dona Maria, son père Dom Pèdre, empereur du Brésil, crut se venger lorsqu'il rétablit sa fille dans ses États, en expulsant les Ordres d'hommes; c'est alors que les magnifiques monastères de Belem, de Mafra, d'Alcobaça, de Batalha, construits dans les âges de foi et de puissance furent désaffectés et devinrent pour la plupart des casernes, tandis que les Ordres de femmes étaient condamnés à s'éteindre faute de recrutement, et l'instruction religieuse qui avait été répandue très largement, en même temps que les aumônes, par les moines, disparut peu à peu, le clergé séculier n'étant pas prêt à les remplacer.

En 1857, le curé de Saint-Louis, Dom Miel, supérieur des Lazaristes français, homme plein de zèle et de piété, voyant la foi s'éteindre dans les âmes, prit l'initiative de rouvrir des catéchismes et de célébrer solennellement la première communion qui, jusque-là, ne s'était faite que d'une manière privée.

Parmi ses ouailles se trouvaient plusieurs grandes dames, entre autres la duchesse de Palmella, actuellement grande maîtresse de la Maison de la reine et l'une des personnes les plus influentes de l'aristocratie portugaise ; ces dames, constatant que les malades pauvres n'étaient plus soignés, que les enfants du peuple était abandonnés depuis que les religieuses ne s'en occupaient plus, obtinrent peu à peu de faire rouvrir les couvents en appelant des religieuses étrangères, ou en fondant de nouveaux ordres, et lorsqu'en 1901 parut un décret supprimant les congrégations non autorisées, chacune prit la défense de celle qui l'intéressait spécialement et obtint du Président du Conseil l'autorisation après enquête.

On cite la fière réponse de la duchesse de Palmella : « Si vous fermez le Bon Pasteur, je ferme mes fourneaux économiques. » Or, ceux-ci nourrissent à Lisbonne des centaines de pauvres, et le gouvernement a craint le contre-coup, n'étant pas en mesure de donner comme la duchesse, sur sa cassette, 50.000 francs par an pour les Soupes populaires.

Ces énergiques patriciennes ont donc sauvé les ordres voués au service du peuple, parce qu'elles n'ont pas hésité à user de toute leur influence en leur faveur ; et les femmes de commerçants et d'industriels, qui possèdent en général les plus grosses fortunes, savent aussi les soutenir par leur générosité ; exemple encourageant de ce que sont capables d'obtenir des chrétiennes ardentes et convaincues, mais aussi humiliant pour nous qui n'avons pas su conserver nos religieuses !

Actuellement, à côté des Jésuites qui, sous le nom de Pères de la Foi, font des missions de tous côtés, les religieuses Dorothées, appelées de Rome par le nonce, et secondées par les Dames de la Ville, vont deux par deux, enseigner le catéchisme dans toutes les paroisses et tiennent des écoles gratuites ; les Franciscaines portugaises restent dans les hôpitaux de l'État, si aimées, que personne n'oserait les en chasser, et desservent les fourneaux économiques. Les Dominicaines du Tiers-Ordre tiennent un pensionnat de jeunes filles dans un couvent qui leur a été rendu et dirigent les dispensaires fondés par la reine à Lisbonne et à Porto. Les filles de Saint-Vincent de Paul qui, chassées de leur sol natal, ne peuvent suffire aux demandes de l'étranger, ont leur maison mère à Lisbonne et de nombreux autres établissements qui sont autant de centres d'influence française; dans leur asile que j'ai visité, elles enseignent notre langage à 110 petites filles, à 50 garçons et préparent à la première communion 80 externes pauvres qui reçoivent l'instruction primaire; elles réunissent tous les mois 170 enfants de Marie de toutes les paroisses de la ville, et 360 Dames de charité qui, après avoir travaillé à l'ouvroir, vont porter des bons et des vêtements dans les pauvres foyers où elles font bénir les unions, baptiser les enfants, les attirant au catéchisme, enseignant aux mères de famille indolentes à mieux tenir leur ménage.

Ainsi donc, les Ordres religieux se relèvent de leurs ruines, les œuvres charitables prospèrent, et non seulement l'Église vit en paix avec l'État, grâce au Concordat, mais, dans plusieurs cérémonies solennelles, le roi, la reine et les principaux représentants de la nation accomplissent un acte de foi public en y assistant officiellement. Quand on rapproche ces imposantes manifestations du misérable spectacle donné par les représentants d'une autre nation catholique aux funérailles des marins de l'*Iéna*, aux fêtes de Jeanne Darc, on se sentirait honteux d'appartenir à un pays qui ne craint pas de renier à la face du monde chrétien ses traditions les plus sacrées, si le sentiment public était vraiment représenté par ce gouvernement d'un jour !...

Voici l'inoubliable tableau que présentait Lisbonne le jour de la Fête-Dieu.

Un soleil de feu dore les tours de la Seo patriarcale, vieilles de sept siècles et endommagées par les convulsions de 1755; sur ces tours, aux fenêtres des maisons voisines, le long des rues à pic, se presse une foule immense, avide de voir la procession de la Fête-Dieu Les équipages ne cessent de déverser au pied de la cathédrale, les généraux, les amiraux, les ministres, les conseillers municipaux, portant les plus grands noms du royaume, tous revêtus de leurs brillants uniformes et chamarrés de décorations : soudain, une rumeur éclate : c'est l'attelage à six chevaux du premier carrosse royal lancé au galop sur la pente qui s'abat presque au pied des degrés : les postillons, les cochers perruque et tricorne à plumes en tête, portent la livrée écarlate, galonnée d'or qui resplendit au soleil ; l'infant Dom Alphonse, frère du roi, met pied à terre. Deux autres carrosses semblables amènent successivement les princes royaux, les dames de la cour, enfin le roi Dom Carlos en uniforme de grand amiral et la reine Amélie, escortés par leur brillant état-major. Leurs Majestés sont reçues à leur entrée par le patriarche des Indes et prennent place dans le chœur entièrement revêtu d'un merveilleux damas rose glacé d'argent qui forme comme un lumineux et somptueux sanctuaire au bout de la nef sombre, aux massifs piliers. Au dehors, la musique militaire joue l'hymne national ; un escadron de chasseurs, un régiment d'infanterie forment la haie autour de la place pour y rendre les honneurs ; déjà sont arrivés pour y rester jusqu'à la fin de la cérémonie, le Saint Georges légendaire en costume du moyen âge, un chevalier revêtu de son armure d'argent et un écuyer casqué d'or qui tient son guidon; d'autres chevaux caparaçonnés de velours rouge sont tenus en main par des laquais aux habits tigrés.

Une demi-heure se passe dans l'attente : la foule paisible est contenue doucement par des sergents de ville moins brusques que les nôtres : soudain des pétards éclatent : des tambours portés par des nègres en costume militaire battent aux champs, c'est le cortège qui débouche lentement du portail ; d'abord défilent les croix de toutes les paroisses de Lisbonne, précieux morceaux d'orfévrerie, la hampe couverte de drap d'or, suivies par tout le clergé; puis une crosse d'or, deux parasols de velours incarnat, rayés d'or, et demi-fermés, emblèmes de la haute puissance du patriarche des Indes, entouré de cette pompe tout orientale qui vient ensuite sous un large dais de soie blanche, portant l'ostensoir éblouissant de pierreries.

Les cordons du dais sont tenus par le roi lui-même, les deux princes ses fils, le comte de Sabugosa, le marquis de Pombal et d'autres dignitaires.

Au moment où le Saint-Sacrement sort de la cathédrale, les lanciers se découvrent, et présentent l'épée nue, le canon tonne, les chapeaux s'enlèvent ! puis un murmure de respect et de sympathie court dans la foule : « A rainha ! » c'est la belle et gracieuse souveraine qui vient d'apparaître dans la tribune érigée sur le péristyle d'où elle domine la place : elle est accompagnée de ses dames d'honneur : la duchesse de Palmella, la marquise de Pombal, la comtesse de Sabugosa, la comtesse Figuero, la marquise de Saldanha, etc., qui toutes, portent la mantille de dentelle blanche sur leurs superbes toilettes : la Reine s'agenouille pieusement et ce geste montre au peuple que ses souverains reconnaissent une puissance supérieure devant laquelle ils ne craignent pas d'incliner leur couronne.

Sous ce haut patronage, il semblerait qu'il dût être facile de former en Portugal un parti homogène composé de monarchistes catholiques, mais là comme ailleurs ils se laissent diviser par les nuances politiques provenant des anciens partis qui ont longtemps troublé ce pays ; l'épiscopat lui-même n'est pas uni comme le nôtre ; le peuple, ainsi que nous l'avions dit, n'est plus foncièrement religieux ; l'aristocratie, en grande partie ruinée, a perdu beaucoup de son influence ou ne comprend pas les devoirs de sa position, se consacrant aux plaisirs du sport et cherchant surtout à paraître.

Cependant il s'est formé au parlement un groupement encore peu nombreux, qui a pris le nom de « nationaliste » pour ne pas être taxé de confessionnel ; son programme est nettement monarchiste et catholique, à la fois constitutionnel et libéral ; il vient de fonder un journal quotidien *le Portugal*, qui a déjà 9.000 lecteurs ; avec la *Palabra* de Porto, ce sont les seuls organes dont disposent les catholiques qui ne font que commencer à comprendre la nécessité de la bonne presse ; le chef des nationalistes, le comte de B... pair du royaume, ne prévoyait que trop l'avenir, lorsqu'il me disait cet été :

Nos faibles efforts pourront-ils arrêter le grand mouvement révolutionnaire dont la France est l'instigatrice et qui s'est accentué ici depuis la visite du Président Loubet ? Je redoute des catastrophes, mais il faut travailler d'autant plus ; notre parti a une tête, il lui manque encore un corps bien constitué, nous cherchons à éclairer le peuple, mais il ne vient pas encore beaucoup à nous.

Dans ce but si utile, une société de secours mutuels *l'Associacao operaria* donne à Lisbonne une conférence par semaine et son organe hebdomadaire s'efforce de répandre des idées saines dans les classes populaires; outre les secours aux veuves et aux invalides, elle procure à ses adhérents, des écoles spéciales pour leurs enfants et les renseignements de son secrétariat.

Au récent congrès de Porto, réuni par les Comités des cercles ouvriers, des laïques zélés et des prêtres, tels que le Père de Sant'Anna, ont étudié toutes les questions sociales qui nous passionnent en France : Bien de famille, jardins et maisons ouvriers, accession des ouvriers à la propriété, écoles professionnelles, coopératives, tribunaux d'arbitrage, ligue contre l'alcoolisme. Des vœux excellents ont été votés. Ces questions sont d'autant plus à l'ordre du jour qu'une grève importante sévit depuis des mois à Sétubal, tout près de la capitale et qu'on a craint des troubles sérieux.

Un nouveau congrès des œuvres populaires catholiques a eu lieu à Braga en juin 1909. Le programme témoigne de l'activité grandissante du Portugal dans le domaine social. A Lisbonne, la Fédération des associations catholiques féminines s'organise à l'instar des Fédérations catholiques allemandes et italiennes dont l' « Action sociale de la femme » de Paris lui a fourni les statuts.

En échange, nous devons à notre distinguée correspondante de l' « Action sociale portugaise », Mlle Izabel d'Ornellas, de très intéressantes communications parmi lesquelles la lettre suivante nous semble un document précieux pour tous ceux qui étudient le problème du travail féminin à domicile.

Le Travail des Femmes à Madère.

Madame,

Quelques notes sur le travail des femmes à Madère pourront peut-être vous intéresser. Grâce à l'éloignement où nous nous trouvons des grands centres de civilisation, mais aussi d'industrie corruptrice, le travail est ici tel qu'on le rêve dans vos Congrès.

En parcourant le rapport des industries madériennes de l'année 1907, je vois parmi ces 32.000 femmes occupées par la broderie, injustement connue comme broderie anglaise, 30.000 qu'on peut appeler brodeuses rurales, car elles travaillent chez elles, dans leurs foyers, n'abandonnant pas leurs occupations ménagères ; par conséquent la famille n'est pas détruite. Les bonnes mœurs qui caractérisent la population de l'île sont une preuve à l'appui de la bienfaisante influence du travail dans ces conditions.

A la fin de l'année, les maisons d'exportation auront versé directement aux femmes, 2.500.000 francs. Cependant, le gain pris en moyenne est fort minime, à peine 0 fr. 40, dans 150 jours utiles, pour les ouvrières rurales ; l'ouvrière dite professionnelle employée en ville, atteint un salaire de 1 franc, avec 260 jours de travail. L'exportation faite en vue d'une concurrence à outrance ne permet pas de rendre justice à la perfection dont est capable l'ouvrière de Madère.

A Funchal, on voit des merveilles qui feraient votre étonnement, Mesdames : les tissus les plus fins, les dessins les plus variés mêlant des points de dentelle à la broderie au passé et à jour, rien n'est impossible à ces doigts habiles.

Je m'arrête, car j'aurais l'air de faire de la réclame, et je voudrais surtout ajouter ma faible voix à toutes celles qui réclament un salaire plus juste pour toutes ces travailleuses auxquelles nous devons parfois nos élégances les plus raffinées. Payons cher quand nous voulons du beau et du bon, ne marchandons pas le travail fait à la main ; quand nous chiffonnons en une seconde le minuscule carré de batiste finement brodé, pensons à celle qui l'a tenu tant d'heures pénibles, penchée sur son aiguille.

A Funchal, un effort louable a été entrepris par les maisons qui occupent ces ouvrières : on y tient des écoles gratuites et, en cas de maladie, les ouvrières sont soignées par un médecin du trust.

D'autres industries fort intéressantes occupent encore des femmes, celle de l'osier, et particulièrement la tige de genêt, avec laquelle elles tressent des corbeilles et autres objets d'une grande finesse et obtiennent des salaires plus élevés. Le transport en ville du mobilier d'osier tel que chaises, tables, fauteuils, etc., est aussi leur affaire; elles sont d'intrépides marcheuses, deux lieues et plus à travers les chemins raboteux leur rapportent la petite pièce blanche. Elles ne sont certes pas oisives, les femmes madériennes. Elles teignent elles-mêmes des étoffes rayées fort originales dont on fait des tapis et des rideaux ; c'est inusable.

Tout ceci ne les empêche pas de travailler à la terre; elles bêchent leur petit lopin ; chaque maisonnette aura sa vache si la misère n'est pas trop grande. Il vous semblera peut-être que mes campagnardes sont des êtres de roman si j'ajoute encore qu'elles trouvent le temps d'embellir leurs chaumières, l'entourant d'un coquet jardinet ; vous y verriez des buissons de fuschias, des tiges de glaïeuls que pourrait envier la montre de Lachaume.

Il existe à Madère une mutualité féminine fondée en 1901 par le Père de Sant'Anna, qui dans ses courts séjours à Funchal y fait toujours des conférences ; elles compte près de 600 membres, professeurs, maîtresses de piano, commerçants, petites rentières, ouvrières gagnant leur vie, mais se trouvant au dépourvu quand la maladie arrive. Le but de cette mutualité est donc de secourir ses membres en cas de maladie grave ou d'opération, possédant en propre tout l'appareil nécessaire, fournissant médecin, pharmacien, et donnant un subside de 0 fr. 50 à 1 franc, selon la cotisation annuelle. Elle se propose encore de fonder une Caisse d'épargne et une Coopérative médicale et alimentaire.

L'association a secouru, en 1907, 54 malades, fait 4 enterrements religieux ; elle possède un capital d'environ 40.000 francs.

Au profit de cette mutualité, les dames de Funchal ont organisé dernièrement une charmante fête enfantine, avec danses locales et costumes de l'île, très pittoresques.

CHAPITRE III

Les ouvriers de Sétubal. — Les femmes portugaises. — Les œuvres de la Reine.

17 juin. — Les esprits se montent de plus en plus contre ce qu'on appelle la dictature de Franco ; hier soir, tandis que nous admirions chez d'aimables voisins une ravissante collection d'aquarelles de Maguera, illustrant de scènes et de types locaux *les Pupilles du recteur* (1), un de leurs amis est entré brusquement, nous annonçant que le sang venait de couler à la gare où une manifestation était organisée pour conspuer le ministre arrivant de Porto où il était allé expliquer sa politique ; la police ayant voulu disperser la foule hostile, celle-ci a résisté et jeté des pierres aux gendarmes qui se sont défendus à coups de revolvers ; un jeune homme et un commerçant paisibles sont tombés raides morts. Cette répression sanglante est jugée assez sévèrement par les journaux qu'on s'arrache sur le bateau qui m'emmène à *Barreiro*.

(1) De Julio Diniz, fin psychologue, écrivain moral et sain.

Tandis que les hommes sont en proie à de stériles agitations, la nature est ce matin, d'un calme infini: un léger brouillard voile le merveilleux panorama de Lisbonne qui apparaît vaporeuse au bord d'un lac à travers les oliviers et les hampes des aloès; puis c'est le large ruban du Tage, d'un bleu si doux, semé de barques à la proue relevée comme des gondoles, qui suit la voie. Les champs de maïs, les figuiers, les vignes, les rizières se succèdent jusqu'à Pinchal Novo. Là sur la gauche, au-dessus des têtes moutonnantes des pins et des oliviers, se dressent les premiers escarpements que domine fièrement la forteresse de *Palmella*, détachant ses créneaux sur le ciel. Les antiques murailles qui ont servi tour à tour de repaire aux Maures, aux Templiers, ont fourni aussi une carrière aux villageois pour bâtir leurs maisons. Comme souvent en France, la Société des monuments historiques est arrivée trop tard; mais le nid d'aigle à demi ruiné dont il ne reste que les débris d'un palais du seizième siècle et d'une jolie chapelle gothique, est surtout remarquable par sa position : de son aire, le châtelain embrassait successivement en faisant le tour des remparts, le Tage, Cintra, Lisbonne et Sétubal se déroulant comme une carte en relief; ce grandiose et splendide panorama vaut bien l'ascension un peu rude pour y parvenir.

Le pays reste montagneux et boisé jusqu'à *Sétubal* : la gare étant à un quart d'heure de la ville, je me fais conduire en voiture chez Dona Anna de C. O. pour laquelle j'avais une lettre de recommandation et qui veut bien m'accompagner dans mon excursion; patriote ardente, elle a composé pour les enfants, des contes traditionnalistes, couronnés par l'État. Suivant elle, « le

« peuple portugais est très bon, très intelligent, il ne lui
« manque que l'instruction pour savoir se conduire; il
« aime et admire la France, et Mme de C. ne voit rien
« de mieux que la forme républicaine lorsque la nation
« sera consciente de ses droits, car, le roi ne s'occupe pas
« assez des affaires du pays, dépense trop pour ses plai-
« sirs ; et donne trop de pouvoir au dictateur ; le peuple
« est du reste fort indifférent et salue à peine la famille
« royale, lorsqu'elle se montre en public. »

— Madame, lui dis-je, gardez-vous de souhaiter au Portugal le régime déplorable dont souffre la France : ne voyez-vous donc pas que nous y luttons vainement, hélas! contre la tyrannie d'un parti qui fait toujours passer ses intérêts particuliers avant les intérêts nationaux, qui a humilié l'armée, sacrifié la marine, gangrené la justice elle-même, et qui est en train de désorganiser notre dernière force, nos finances! Vous qui aimez tant votre pays, voudriez-vous donc faire enseigner dans vos écoles l'anti-patriotisme, l'athéisme, et la morale de la nature, comme on le fait dans les nôtres, avec l'approbation de l'État ? Il m'est bien pénible de vous révéler les maux de ma patrie, mais je voudrais vous montrer quel avantage c'est pour la vôtre d'avoir, à sa tête, un prince en qui s'incarnent les traditions et les intérêts généraux, et un gouvernement honnête qui ne cherche que le bien public.

Mme de C. paraît frappée de mes objections, car c'est un esprit de bonne foi : notre discussion continue, amicalement ; elle avoue que ses compatriotes seraient heureux s'ils savaient utiliser les ressources naturelles de ce pays plantureux. La production du sel a constitué jadis une branche très florissante d'exportation avec les célèbres confitures d'oranges que se disputaient les amateurs. Aujourd'hui, deux vieilles femmes sont seules à les fabriquer ; les « montagnes de sel » qui, de loin, font l'effet de maisons blanchies à la chaux, existent toujours, mais cette industrie a souffert de la concurrence que lui font l'Andalousie et l'Italie.

Restait la pêche, si fructueuse dans le golfe protégé par la chaîne de l'Arrabida et fermé par les dunes de Troia. C'est ce qui avait attiré nos pêcheurs bretons lorsque la sardine a fui leurs côtes, mais plus la mer donnait, plus on a voulu lui arracher de richesses en dévastant les bancs au moyen de la vapeur, ou de filets à mailles trop étroites qui ne laissent pas même échapper le fretin, de sorte qu'on était obligé de rejeter dans la mer le contenu de nombreuses barques. Aussi, les époques de grande abondance vont en s'espaçant ; il en est résulté des périodes de crise et de misère. La consommation de la sardine sur place augmente et elle devient la principale nourriture du peuple ; le gros poisson est salé et expédié à l'étranger, mais l'industrie portugaise a subi des crises graves par suite de l'inexpérience des directeurs, beaucoup de fabriques de conserves ont passé dans les mains des anciens usiniers du Finistère qui nous ont fait manger des sardines portugaises portant des marques nantaises. Sur 48 maisons, il n'y en a que 3 ouvertes actuellement à Sétubal ; les ouvriers ont cessé le travail pour se solidariser avec quelques-uns des leurs qui avaient été renvoyés. Il ne veulent pas reconnaître aux patrons le droit de se syndiquer de leur côté, ni de choisir leurs ouvriers, ce qui est une prétention inadmissible ! — Ils ont été jusqu'à proférer des menaces de mort contre certains d'entre eux. D'ailleurs avec leur insouciance toute méridionale, les grévistes ne s'occupent ni de former une caisse, ni d'instituer des crèches et des écoles maternelles. Vivant d'air et de soleil et flânant par les rues, ils devront finir par abandonner leurs revendications.

De Sétubal, une route de corniche conduit au *fort d'Outao* que le cœur généreux de la Reine a transformé en sanatorium ; elle serpente à pic au-dessus de la mer d'un bleu violent, où la presqu'île de Troja avec ses ruines romaines, dessine en jaune l'embouchure du Sado, tandis que la teinte rouge des rochers, la végétation presque noire des pins, des eucalyptus, des aloès évoque l'idée de l'Afrique si proche. Dans les vallons, les vergers regorgent de grenadiers en fleur, d'orangers, de néfliers du Japon qui mêlent leurs produits exotiques à ceux des abricotiers, des cerisiers, des poiriers chargés aussi des fruits de nos pays.

Ce coin de terre est un vrai paradis terrestre et l'on y rencontre bientôt les traces d'une nouvelle initiative due à un Français qui a su exploiter la richesse du sol pour créer une palmeraie dont il tire de beaux bénéfices. C'est dans le creux d'un vallon traversé par un ruisseau que sont élevés les milliers de plants expédiés de tous côtés ; le château est posé sur un mamelon boisé dans un site sauvage et pittoresque au bord des flots.

La route, ombragée de mimosas en fleur et de lilas de perse, qui monte et descend constamment, s'élève enfin en lacet jusqu'au fort accolé au rocher qui dresse ses épaisses murailles perpendiculairement à la mer. Les vastes salles de garde sont aujourd'hui les réfectoires du sanatorium où 200 fillettes pauvres et scrofuleuses viennent refaire leur sang anémié au contact de cet air salin si chaud et si pur. Elles y sont toutes rassemblées lorsque nous sommes introduites par la supérieure, en robe blanche de dominicaine, qui, avec ses 15 religieuses, dirige et entretient tout l'établissement : sur un signe, les 200 petites voix disent la prière, puis les enfants s'assoient devant leur repas d'une heure, composé d'une soupe aux légumes et d'une portion de haricots rouges. Aux autres repas, elles ont de la viande et du laitage, pas d'autre remède que l'huile de foie de morue en hiver. Le climat et le bien-être font le reste. Cependant, toutes ces têtes aux cheveux ras n'ont ni la fraîcheur ni la vivacité de leur âge ; on sent qu'elles ont été flétries prématurément.

Les fillettes apprennent pendant une heure ou deux par jour à lire et à écrire, compter et coudre et gobent l'air en jouant le reste du temps ; elles restent ordinairement jusqu'à l'âge de 12 ans. C'est le plus heureux moment de leur vie, car lorsqu'elles rentrent dans leur famille l'amélioration obtenue ne se soutient pas toujours, les conditions changeant totalement.

Mme de C., qui a publié sur ce sujet une étude remarquable dans la *Revue internationale de Sociologie*, me fait en effet une sombre peinture de la situation de ses compatriotes ; dans les classes populaires, elles sont forcées de se livrer à de rudes travaux ; à Sétubal même, ce sont des femmes qui déchargent la nuit les bateaux de pêche, été comme hiver, trempées d'eau de mer, les mains et les pieds gelés, elle ne gagnent que 30 réis à l'heure. Au marché de Lisbonne où s'entassent sur des tables de marbre, les énormes poissons du Tage, les « ovarines » viennent remplir les lourdes mannes qu'elles portent en équilibre sur leurs chapeaux de feutre noir, et s'élancent pieds nus dans tous les quartiers de la ville pour y vendre leur marchandise en poussant leur cri strident. A Porto, ce sont encore des femmes qui se présentent à la gare comme portefaix, et qui, semblables à des fourmis, transportent à terre sur leur dos, les sacs de charbon des chalands amarrés aux quais du Douro ; elles n'ont qu'une heure de repos par jour et pour nourriture, de la mauvaise bouillie de maïs ; dans tout le nord du Portugal, elles se livrent aux travaux des champs sous les ardeurs du soleil, et conduisent les chars primitifs aux roues de bois pleines et les attelages de bœufs aux cornes formidables, sous le haut joug sculpté ; elles lavent debout, en pleine eau presque jusqu'à la ceinture, le linge de la famille.

Bien que les poissons, les volailles, les légumes et les fruits de toute espèce abondent sur les marchés, la vie est chère en Portugal par suite des impôts et la plus grande partie de la population ne mange pas à sa faim et habite de véritables étables ; elle ignore les règles les plus élémentaires de l'hygiène, aussi les scrofuleux, les phtisiques, les anémiques, sont innombrables dans la classe pauvre ; le prix des loyers est tel, même dans une petite ville comme Sétubal, que deux ou trois familles sont obligés de s'entasser dans une maison délabrée et insalubre et que pour s'y préserver de la pluie pendant une tempête, des pêcheurs habitant une de ces baraques, devaient ouvrir leurs parapluies et cacher leurs enfants sous leur lit !...

La femme n'est pas suffisamment protégée par les lois. La jeune fille du peuple, formée à 12 ans, est souvent vendue par sa propre mère qui laisse au galant toute facilité et l'épie derrière le rideau pour l'accuser ensuite de détournement de mineure lorsqu'il a abusé de la liberté donnée ; cette pratique infâme donne lieu à de nombreux procès ; le relâchement des mœurs est extrême ; la plupart des unions sont libres et fécondes, mais la moitié des enfants meurt en bas-âge faute de soins ou par suite de la misère de leurs parents. Comment avec son infime salaire, la mère pourrait-elle nourrir ses enfants, surtout si elle est, comme il arrive trop souvent abandonnée par leur père ! — La recherche de la paternité, d'après Mme de C., éviterait peut-être de nombreux crimes et réparerait en tout cas une injustice flagrante.

Suivant elle, la plupart de ces maux provient de l'ignorance.

La loi qui oblige les enfants à fréquenter l'école est peu obéie, car les parents n'ont pas le moyen de leur acheter les vêtements, les livres nécessaires et préfèrent les utiliser chez eux à de menus travaux, à garder leurs plus jeunes frères, ou à mendier ; il en résulte que, sur cinq millions d'individus, il n'y en a qu'un de lettré, dont un tiers seulement de femmes.

La plupart des professions avantageuses et douces, telles que celles d'employées de commerce, professeurs, télégraphistes, leur sont donc fermées, autant par leur manque d'instruction que par les mœurs ; la jeune fille étant, dans des classes moyennes, élevée uniquement en vue du mariage, et l'homme redoutant la concurrence que viendrait lui faire la femme célibataire aspirant à trouver elle-même des moyens d'existence.

Aussi, sous le faux prétexte de ménager sa faiblesse, se réserve-t-il les occupations les mieux rémunérées, comme dans cette fabrique de céramique de Porto où les femmes étaient employées à porter les matériaux, tandis que des hommes gagnaient un salaire bien supérieur à peindre des plats par un procédé facile, travail délicat qui eût mieux convenu à des ouvrières.

Le remède serait donc dans la fondation de nombreuses maternités, crèches, écoles maternelles, pour éviter que les enfants traînent dans la rue, puis d'écoles professionnelles pour mettre chacune suivant sa classe, en état de gagner sa vie et permettre aux veuves chargées d'enfants d'élever leur famille. Quant à l'instruction supérieure, les universités sont ouvertes aux deux sexes, mais il n'entre pas dans les habitudes d'y envoyer les jeunes filles aisées.

Le préjugé contre « les femmes savantes » est encore ici dans toute sa force et la situation des portugaises dans ces contrées naguère arrachées aux Maures, se ressent encore des coutumes musulmanes peut-être aussi « d'un legs » romain, commun à toutes les races latines, dont elles n'ont pas su encore se débarrasser. La domination de l'homme sur la femme est absolue, qu'il soit père, mari, ou frère. Dans le sud, il prend seul ses repas, tandis que la famille attend son tour.

Il y a excès d'autorité d'un côté, manque d'initiative de l'autre ; cet état de choses est perpétué par l'éducation trop superficielle que reçoivent les jeunes filles ; on remplit la mémoire, on ne développe pas l'intelligence et le caractère. Le léger vernis artistique et littéraire qu'on leur donne n'est destiné qu'à rehausser leurs avantages naturels, en vue du mariage, le goût de la toilette, l'amour de la représentation est très développé, une seule exception, dans cette formation si frivole, est faite pour les langues étrangères, dont presque toutes les femmes cultivées parlent plusieurs avec facilité, surtout le français.

Les parents ne donnant aucune dot, les mariages d'inclination, sont la règle au lieu d'être comme chez nous, l'exception, d'autant plus que, sous son aspect indolent, la Portugaise cache un tempérament très passionné.

C'est au théâtre, à la promenade, le plus souvent, que les jeunes hommes distinguent les jeunes filles, mais ces hommages silencieux sont rendus d'abord au moyen d'œillades ; plus tard, s'il se sent sympathique, le candidat se rend le soir sous le balcon de sa dame et de tendres colloques s'engagent ainsi au clair de lune, grâce au mur qui sert de fil conducteur ; cela se passe soi-disant à l'insu du père de famille averti officiellement par la demande du jeune homme qui entre alors dans la maison comme fiancé ! Ce temps d'épreuve dure parfois des années pendant lesquelles on se voit à peine. Le mariage est une fête intime à laquelle ne sont pas conviés les étrangers en relations avec la famille et pour laquelle il n'est pas d'usage d'envoyer de lettre de faire part ; la femme garde le nom de ses parents.

La jeune mariée qui, chez nous, passe sans transition de la tutelle si tendre, mais étroite, de sa mère, à la liberté complète, tombe au contraire en Portugal, dans une sorte de claustration qui tend à devenir un peu moins rigoureuse ; mais, il y a dix ans, il n'était pas admis pour une femme de la bonne société, de se promener à pied ; de même après quatre heures, elle ne devait pas sortir sans être accompagnée d'une parente ou d'une amie ; aujourd'hui, elle ne peut encore s'arrêter dans la rue pour causer un instant avec un homme sans être remarquée, et souvent le mari interdit de recevoir toute visite masculine ou de danser avec un autre que lui...

Il est en général fort difficile de pénétrer dans les intérieurs et l'invitation la plus aimable n'est souvent faite que pour la forme... l'étranger qui la prendrait au mot surprendrait fort celui qui l'a faite ; aussi, les relations se bornent-elles ordinairement à des échanges de cartes...

Il y a cependant des exceptions en faveur de certains membres de la colonie française particulièrement bien représentée à Lisbonne.

Dans la haute société qui forme le cercle de la cour et du monde diplomatique, on rencontre des femmes supérieures qui ont su s'affranchir d'une tutelle un peu humiliante et faire de leur indépendance le plus noble usage ; on est émerveillé de voir des Portugaises tellement au courant des finesses de notre langue, de notre mouvement littéraire et social : elles veulent savoir que penser du « Sillon » qui leur paraît une œuvre si généreuse, si passionnante ; elles désirent fonder à Lisbonne école d'infirmières laïques, comme celle de Plaisance, une un cercle d'études et de conférences comme l'*Action sociale de la femme* (1). C'est chose presque décidée : il

---

(1) L'inauguration a eu lieu le 19 mars 1909 dans la salle de la Ligue navale, trop petite pour contenir le public intelligent et mondain qui s'y pressait : 400 dames y assistaient. Le critique

suffira de quelques grands noms pour entraîner le reste de la société, car la naissance et le rang ont conservé ici leur prestige, la hiérarchie sociale subsiste ; ce qui n'empêche pas les classes de se mêler, de s'entr'aider pour faire le bien ; mais les femmes ne doivent pas se mettre en avant ; leur initiative ne serait pas comprise, bien que dans une récente conférence, le comte de Bertiandos leur ait conseillé de s'instruire pour prendre une utile influence sur leurs maris, sur leurs enfants... car les hommes ne vont guère à l'église, à 15 ans les jeunes gens sont déjà des libres penseurs... ils ont tous lu Anatole France et nos romans les plus licencieux...

Il est pénible d'être forcé de reconnaître que la société française se fait ainsi bien mal juger au dehors alors qu'on ignore les ouvrages bons et intéressants qui sont produits en grand nombre ; c'est ce qui démontre l'utilité des Bulletins bibliographiques, faits dans un esprit de sage critique. Ces femmes cultivées comprennent toutes les dangers de la mauvaise presse et s'efforcent d'en combattre l'influence par la distribution d'innombrables tracts confiés aux dames de charité. Celles-ci ont une tâche immense à remplir, l'Assistance publique

d'art et écrivain renommé, M. Ramalho Ortigao a présenté l'idée et le but de ces conférences de la manière la plus spirituelle et la plus élégante, touchant même avec le plus grand succès à la psychologie du caractère portugais. L'orateur du jour, M. Ayres d'Ornellas, a exposé l'expansion nationale du Portugal à travers l'histoire et la place qui lui en revient dans le moment actuel, comment la retenir, l'affirmer et la développer. On peut juger de l'importance de ces conférences, faites par les hommes les plus compétents, sur la question sociale, l'assistance aux classes laborieuses, les monuments nationaux, l'éducation et l'instruction, l'économie domestique, etc...

n'existant pas ici, et une hideuse misère se cachant sous le splendide panorama que présente Lisbonne.

De l'ermidade Nostra Senhora do Monte, un de ses plus beaux points de vue, la vaste lagune azurée que forme le fleuve, bordée à l'horizon par les montagnes vaporeuses de Sétubal, est encadrée par la ville qui se déroule à pic jusqu'à la rive. Entre le monticule planté d'oliviers qui sert de piédestal à *Nostra Senhora da Graca*, et celui qui porte le Castello San George, on aperçoit par une échancrure, l'eau bleue sur laquelle glissent quelques voiles; à droite c'est tout le centre de Lisbonne qui se presse, s'entasse dans un creux entre deux collines, toits de brique rutilant au soleil: façades éclatantes de blancheur ou diversement colorées : sombres masses de verdure, la cité semble épanouie dans la joie sur les rives fertiles d'un fleuve et sous les caresses d'un ciel incomparable... mais si l'on descend une de ces ruelles en escalier qui mènent au Tage, les haillons sordides qui pendent aux fenêtres, l'aspect misérable et, disons-le, dégoûtant, des intérieurs qu'on entrevoit, révèlent le terrible dénûment de ces foyers.

Un groupe de Portugaises qui ont compris leur devoir social a récemment créé *la Goutte de lait* pour arracher les babies à la mort : c'est une maison toute neuve et spacieuse, non loin du musée d'artillerie, dans un faubourg populeux, dont les murs sont revêtus de jolies faïences bleues et blanches ; à l'écurie se prélassent une quinzaine de superbes vaches admirablement soignées, qui de temps en temps vont se refaire à la campagne ; le lait est donné au naturel, stérilisé dans quelques cas seulement ; le régiment des petits flacons est entretenu dans une exquise propreté ; plus loin, c'est la salle de réunion des dames visiteuses, garnie de couveuses artificielles, d'armoires remplies de layettes, enfin le bureau du docteur où se font la pesée hebdomadaire et l'examen des nourrissons.

Ce n'a pas été une petite difficulté que d'habituer ces pauvres femmes à venir à heure fixe présenter leurs babies, à les tenir proprement, à les rationner, à recevoir les visites, mais il y en a maintenant une centaine d'inscrites; elles sont là bien pauvres, bien misérables sous leur châle mince; les babies ont pour la plupart des figures d'une pâleur de nacre, des membres étiolés : cela fait grand pitié de voir sur la balance en toile, ces tristes échantillons de l'humanité, et cependant, la pesée constate déjà un sérieux progrès : certains enfants sont gras et dodus ; il faut voir l'air fier des mamans quand elles apportent le petit tout nu... le jeune docteur les palpe, les examine, parle aux mères avec bonté, inscrit les pesées; 1.000 marmots ont déjà passé par ses mains. Mme S... l'aimable dame patronnesse qui m'a amenée, s'émeut qu'on n'admette pas assez facilement une pauvre femme à qui manque un certificat : a-t-elle donc le temps, la malheureuse, de courir après des papiers ? cependant on n'exige qu'un certificat d'indigence.

Elle voudrait ouvrir un deuxième établissement dans un autre quartier et un restaurant à bon marché pour les mères qui nourrissent elles-mêmes. Enfin elle aussi, voudrait essayer de couper le mal dans sa racine, en obtenant la recherche de la paternité, comme va l'établir la Hollande qui nous devance ainsi dans la voie de la justice sociale.

Pour développer les Gouttes de lait, et en général toutes les œuvres charitables, on compte sur l'appui de la Reine qui prodigue ses inépuisables générosités à toutes les formes de la bienfaisance, et ne dédaigne pas d'aller de ses propres mains secourir les malades et les nécessiteux, à domicile; mais l'œuvre maîtresse qui a ses préférences, c'est *l'Assistance nationale aux tuberculeux*, fondée par son initiative.

Le 11 juin 1899, la Reine rassemblait autour de sa personne ce que le pays compte de plus choisi dans toutes les classes sociales, et dévoilait son programme longuement étudié, consistant à convertir les malades eux-mêmes aux méthodes de la prophylaxie par les soins donnés dans les dispensaires, et à former ainsi une grande ligue défensive contre la propagation du terrible bacille. A l'instigation de la souveraine, des mesures de préservation étaient décrétées pour rendre obligatoires la déclaration de la tuberculose, la désinfection et l'inspection des maisons insalubres, l'isolement des malades dans les hôpitaux; enfin, la fondation des quatre dispensaires de Lisbonne, Porto, Bragance, Vianna de Castello, des sanatoriums marins d'Outao et de Carcavellos, des hôpitaux de repos qui sauveront les malades à peine touchés, suivait de près cette réunion. Déjà des milliers de poitrinaires ont été soignés dans l'Institut central de Lisbonne, siège de la Société, magnifique édifice en marbre blanc élevé à côté du marché fétide où souvent les malheureuses femmes contractent la phtisie à marcher nu-pieds dans la boue. Doté des derniers progrès de la science, il contient au rez-de-chaussée les salles de consultations, d'opérations, des rayons X, des analyses chimiques et bactériologiques, des distributions de secours. Au premier étage, la salle des commisions et des conférences où l'on a percé une fenêtre spéciale, destinée à des projections qui donnent aux passants des leçons muettes sur des sujets concernant le fléau. Bientôt l'hôpital de repos de Lumiar viendra compléter le plan de la Reine, modèle du genre.

CHAPITRE IV

Cercle de cour au palais de la Pena. — Cintra. — Monserrat. Les Capuchos.

1er *juillet*. — Il n'est pas rare de rencontrer la Reine allant, soit à ses tournées charitables, soit à la promenade, et lorsqu'on a aperçu son charmant sourire, on emporte le vif désir de l'approcher de plus près... Cette faveur va m'être accordée; la duchesse de Palmella, en répondant à la demande d'audience, qu'avait bien voulu présenter en mon nom notre éminent ministre de France, m'annonce « que son auguste Souveraine a daigné décider que ma « présentation aurait lieu le 10 juillet, à 2 heures au palais « de Pena, pendant le cercle diplomatique ». *Qui eût pu croire que ce devait être le dernier tenu à Cintra par Leurs Majestés!*

Ce jour étant celui de leur double fête, dont l'anniversaire tombe à la même date, la route si pittoresque de la Calçada de San Pedro qui monte rapidement au pic sur lequel se dresse le féerique château, regorge des équipages de tous les membres du corps diplomatique et de l'aristocratie portugaise ; les voitures gravissent à la file les allées en rampe escarpée de ce parc merveilleux qui couvre les flancs rocheux de la montagne, découvrant une vue de plus en plus belle à mesure qu'elles s'élèvent.

L'entrée de la voûte souterraine par laquelle on pénètre dans le palais est gardée par deux lanciers à cheval, statues vivantes, mais aujourd'hui, les voitures ont le privilège de parvenir jusque dans la cour d'honneur où l'on met pied à terre devant le Triton sculpté de style manuélin qui décore la porte d'entrée de la tour, symbolisant la puissance maritime des Souverains portugais. Quelques marches d'un escalier tournant amènent au grand salon d'honneur, sobrement meublé, et rempli d'hommes en habit, de femmes en élégantes toilettes d'été.

Le balcon s'ouvre sur un panorama surprenant : en face, les sommets rocheux et boisés de la Serra dont l'un porte la Cruz alta, l'autre, la statue de Vasco de Gama. Tout autour, des à pics de verdure, puis au loin, des plaines et des collines dorées, Lisbonne dans la brume, l'embouchure du Tage ceignant la presqu'île de Cintra de son ruban bleu, tandis que de l'autre côté, la mer l'enveloppe, semblant la séparer du reste du Portugal dont elle est le joyau ; on conçoit que la Reine aime passionnément ce nid d'aigle, souvent enveloppé de brouillard d'où l'on domine le pays comme de la nacelle d'un ballon.

Avant de paraître devant Dona Amelia, je dois d'abord être présentée à la grande maîtresse : la femme si distinguée, qui a su rendre si attrayants ses magnifiques salons de la Légation de France, le fait dans les termes les plus aimables, tandis que je contemple la grande dame, puissante à la cour tant à cause de son rang que de sa fortune immense et de sa haute intelligence; coiffée de larges bandeaux poudrés qui lui donnent l'air d'un portrait ancien : elle est fort imposante malgré sa petite taille et on la prendrait volontiers pour une troisième reine : d'ailleurs, elle a failli épouser le roi Dom Louis, alors qu'il ne semblait pas destiné au trône, puis a reçu pour mari un officier de marine Hollandais qui a pris le titre de sa femme, comme il est d'usage dans la péninsule, et qui a su remettre en ordre la fortune colossale dont la duchesse fait un si noble usage ; elle protège les artistes et exerce la bienfaisance comme une charge de sa position ; dans les 14 asiles fondés par elle, on a dépensé 35.000 reis rien qu'en huile de foie de morue en une année. D'un esprit très large, elle ne s'inquiète pas, pour secourir les gens, de savoir s'ils sont mariés ou religieux, et le détective attaché à sa maison est chargé de lui désigner tous les misérables... Planant au-dessus de tous les petits potins et intrigues de cour, qu'elle ignore, elle n'est pas jalouse de la faveur de la reine, qu'elle possède, mais un peu, de sa propre autorité.

Après cette première entrevue, d'une figure qui demeurera historique, quelques instants s'écoulent avant d'être rappelée pour être introduite auprès de la reine ; une certaine émotion m'étreint en faisant les trois révérences réglementaires pour arriver jusqu'à Sa Majesté qui se tient debout, la tête un peu penchée en avant comme pour atténuer ce que sa haute taille a d'imposant, et qui tend sa main dégantée : son gracieux abord me rassure bien vite, et encouragée par tant d'affabilité

Palais de la Péna.

je m'enhardis à rompre l'étiquette qui défend de faire autre chose que répondre aux questions de la reine en lui présentant une requête qui m'a été confiée : « Vo-
« tre Majesté daigne-t-elle me permettre de lui demander
« sa protection pour une œuvre française que nous vou-
« drions introduire en Portugal et qui a pour but l'éduca-
« tion des femmes par les conférences et les cercles
« d'études. »

— « Certes, ce serait bien utile dans ce pays-ci. »

— « L'œuvre s'appelle « l'Action sociale de la femme »
« et je suis chargée d'offrir à Votre Majesté, un compte
« rendu que je vais remettre à la dame d'honneur. »

— « Dites à votre fondatrice que je connais déjà son
« œuvre de réputation et que je lirai avec un grand intérêt
« ce compte rendu ; je ne puis malheureusement vous gar-
« der plus longtemps à cause du Cercle diplomatique... »

Ainsi est né avec l'encouragement de la gracieuse Souveraine, entre sa patrie d'origine et sa patrie d'adoption, ce lien d'émulation et d'amitié qui unit depuis trois ans les deux groupes de Paris et de Lisbonne...

Encore sous le charme de cet accueil si bienveillant, que la Reine réserve toujours à ses compatriotes, je retournais prendre place parmi les dames portugaises toutes rangées d'un côté du salon, tandis que les diplomates formaient la haie de l'autre ; c'est la seule occasion dans l'année où tous sont admis à faire leur cour ensemble ; alors les deux souverains marchant auprès l'un de l'autre, et leur fils cadet, Dom Manuel, à quelques pas derrière, ont fait leur entrée solennelle, pour aller se placer au fond de la pièce, tandis que les personnes présentes s'inclinaient.

La Reine portait une fort élégante toilette de gaze bleu marine à pois blancs, incrustée de dentelles, avec un grand collier de perles à double rang; le Roi était en uniforme mais son embonpoint excessif nuisait à son prestige.

LL. MM. ont alors commencé séparément leur tour par le corps diplomatique, parlant en français à chaque ministre ou femme de ministre; le Roi paraissait accomplir cette tâche comme un devoir et ne prononçait que quelques mots bien qu'on le dise intelligent, instruit et bon causeur, quand l'interlocuteur sait trouver un sujet favorable; la Reine, avec une bonne grâce inépuisable. semblait y trouver du plaisir et parlait à chacun avec une grande vivacité : elle a toujours possédé, paraît-il, ce don d'à-propos et d'exquise affabilité si précieux pour une souveraine que ses fils tiennent d'elle et ce mélange de dignité naturelle et de simplicité voulue la rend infiniment séduisante.

Le cercle diplomatique se termine par un défilé, où chaque dame doit venir seule au milieu du grand salon resté libre, pour faire sous l'œil critique de 200 spectateurs, la double révérence de cour à LL. MM. Ces dames s'en sont tirées à leur gloire : en tête, la doyenne, ministresse d'Autriche, puis la représentante de l'Angleterre et celle de la France, se sont fait remarquer par leur grâce parfaite.

Alors LL. MM. ont continué leur tour du côté portugais s'adressant dans cette langue aux membres du Conseil; et à toutes les dames; le Roi parlait à ses sujettes avec plus d'enjoûment, il voulut bien me dire quelques mots au passage, ainsi que la Reine, puis le cortège royal sortit du salon dans le même ordre, qu'à l'entrée. Sur la physionomie de dona Amelia, toujours aussi souriante, on ne voyait pas trace de la fatigue qu'avait dû lui imposer cette longue séance debout...

Déjà, nous ne pouvions nous empêcher de la plaindre tout en l'admirant, car son rêve de bonheur intime s'est vite évanoui sur le trône et l'étiquette ne lui laisse que bien peu de liberté ! Quelle différence avec le temps de sa jeunesse où elle galopait à la poursuite des taureaux sauvages dans les plaines de Villamanrique !

Maintenant le protocole lui interdit les relations personnelles et elle vit isolée au milieu de sa cour, ne voyant que rarement les dames portugaises et les étrangères admises à ses réceptions officielles ; d'ailleurs elle préfère consacrer à ses charités les ressources dont elle dispose plutôt que de les dépenser en fêtes ; il n'y a de gala qu'en l'honneur des princes étrangers ; alors les fantastiques galères dorées, les carrosses monumentaux sortent des musées et donnent ainsi que la vaisselle d'or et d'argent du palais, une somptuosité digne de Louis XIV aux fêtes royales.

A l'ordinaire, les habitudes de la cour sont des plus simples. La Reine mange avec les officiers de service et les dames d'honneur dont la charge consiste à faire sa correspondance, à recevoir les personnes qui se présentent, à s'occuper surtout des œuvres dont chacune à sa part déterminée. Ces fonctions, qui procurent une certaine influence et des émoluments, sont fort recherchées, aussi les nominations nouvelles donnent-elles lieu à d'innombrables intrigues !

Tandis que le Roi séjourne sur son yacht où il se livre

à ses études océanographiques, la Reine habite le château de la Péna, le seul lieu où elle jouit de quelque liberté, aussi préfère-t-elle cette résidence à toutes les autres. Elle se promène tous les jours à pied, à cheval ou en voiture, conduisant dans les routes de la montagne son panier attelé de quatre chevaux et lorsqu'on la rencontre, l'étiquette veut qu'on s'arrête pour lui faire la révérence. Sportswoman accomplie, elle a fait de ses fils des cavaliers émérites, des yachtmen intrépides, leur enseignant elle-même à sauter les obstacles, les emmenant, en croisière, visiter les côtes de la Méditerranée. Pour les distraire de leurs études, trois ou quatre fois, pendant son séjour à la Pena, elle organise dans une quinta, des pique-niques champêtres où chacun des invités fait son plat : le jeune prince confectionne lui-même une omelette, et la Reine assaisonne ces petites parties de beaucoup d'entrain et de gaîté. Ses fils sont toute sa joie !

. . . .

En redescendant de la Péna vers Cintra par la grande route en lacet, on tourne autour des deux pitons réunis par la longue muraille crénelée du château des Maures qui couronne l'un d'eux, tandis que l'autre porte le château royal dont les aspects divers se déploient à mesure que la route descend, jusqu'à ce que tous deux s'élèvent seuls dans le ciel, l'un posé sur un entassement de rochers chaotique, l'autre sur un piédestal de verdure ; des nuages légers comme des écharpes de gaze flottent au-dessus des dômes de faïence dorée, des balustrades ogivales, des bastions crénelés, que des rayons de soleil mettent soudainement en relief ; dans la profondeur des ombrages on entend murmurer les sources et tinter les clochettes des chèvres.

Plus on demeure à Cintra, plus on goûte le charme unique de ce séjour enchanteur, au-dessus de la plaine brûlante, dans un air toujours vif et pur, même aux parties chaudes du jour. Que d'heures délicieuses les habitants de ses nombreuses villas passent dans leurs jardins en terrasses, sous les grands magnolias embaumés, les jacarrandas aux grappes bleues, au feuillage léger de fougère : bercés par le bruit cristallin des fontaines qui s'égouttent à l'ombre des gigantesques buissons d'hortensias nuancés du rose au bleu, des fougères arborescentes, des fuchsias grimpants, des palmiers et tout près des rosiers épanouis qui semblent vous tendre leurs fleurs...

Sous les ombrages courent en tous sens des routes et des sentiers qui offrent à chaque détour de nouveaux aspects invitant à la promenade.

La végétation des tropiques côtoie celle des climats tempérés de même que sur notre table on sert à la fois des fraises exquises, des pêches, des oranges et des nèfles du Japon cueillies dans les jardins, qui me rappellent le sanatorium de Nuera Elya, car Cintra réunit les mêmes oppositions.

Du jardin d'hiver de notre villa, on domine le vallon qui se creuse au-dessous : au clair de lune c'est un délicieux tableau que le bois de citronniers aux fruits d'argent pâlissant sous les rayons nocturnes, et les grands ombrages mystérieux et défendus qui couvrent le coteau d'en face : par la coulée du vallon on aperçoit un sentier serpentant sur la dune vers une vague buée bleue qui est la mer, comme un chemin de rêve vers l'infini... Ce coin est plein de poésie.

Les pigeons demi-familiers qui roucoulent et font leur nid sur notre terrasse, qu'ils égaient de leur vol blanc, me semblent symboliser l'âme portugaise : il suffirait de leur ouvrir l'espace pour que leur aile agile les porte aux plus lointains horizons. Tels autrefois les hardis compagnons de Vasco de Gama ont franchi des océans inconnus pour aller conquérir les trésors des Indes : et leurs fils se bornent maintenant à voleter sur leur sol appauvri !

A la veille de certaines fêtes, une rumeur bruit dans la campagne, le bourdonnement strident des guitares accompagne les airs un peu mélancoliques du « fado » les détonations des feux d'artifice résonnent sous les bosquets : les lucioles sillonnent la nuit de leur vol de feu. On sent vibrer l'âme populaire à la fois naïve et amoureuse, indolente et fataliste...

« Autour de petits feux de plantes aromatiques qui brûlent sur les places des villages, jeunes garçons et jeunes filles dansent toute la nuit en chantant des complaintes où l'amour exprimé avec une sentimentalité intense s'allie à la religiosité superstitieuse ; et l'eau bue aux fontaines avant le lever du jour passe pour un talisman de bonheur, de même que saint Antoine est transformé par la croyance populaire en courtier en mariages (1). »

Le paysan portugais a conservé son costume pittoresque et sa monture antique, l'âne, employé à tous les travaux tandis que le cheval reste un animal de luxe.

Sur la place, entourée de grands arbres, le jour de la foire de San Pedro, nous avons eu le curieux coup

(1) *Voyage en Portugal*, BEAUREGARD et FOUCHIER.

d'œil de la foule bigarrée se pressant autour des chevaux de bois, des boutiques en plein vent dont les objets les plus originaux étaient la sellerie rustique, brides et bâts de mulet ; les femmes vêtues de costumes aux couleurs tranchantes, jupe rouge vif avec un corsage bleu criard, un fichu orange sur la tête ; les hommes, au type demi-mauresque, avec leur grand chapeau de feutre rond ou leur bonnet de laine vert, leur veste courte de drap ou de panne sombre, la chemise gaudronnée, la large ceinture rouge serrée à la taille, le pantalon collant se terminant par une sorte de jambière et leur grand bâton de montagnard en main, ne manquaient pas de cachet ; ceux qui arrivaient à dos de mulet portaient la couverture rouge rayée, roulée sur l'arçon de la selle. Des diligences primitives attelées de quatre mules, aux harnais brillants de cuivre, stationnaient en travers des chemins ; les cultivateurs poussaient devant eux des troupeaux de vaches et d'ânes ; un va-et-vient incessant de curieux, le bruit de l'orgue de Barbarie, les mendiants qui rampaient dans la poussière en vous assaillant de leurs cris, les voitures chargées de meubles à l'équilibre instable qui obstruaient la route, tout ce mouvement et ce vacarme composaient un ensemble ahurissant mais plein de couleur locale....

Une autre scène caractéristique, c'était il y a quelques jours, à l'église de Santa-Maria, un cortège d'enfants apportant un petit cercueil rose galonné d'or qu'on ouvrait devant le prêtre pour recevoir sa bénédiction : le pauvre petit corps était habillé, entouré de fleurs, la figure seulement couverte d'un mouchoir et les enfants ne paraissant nullement impressionnés, emportaient dans leurs bras à la fosse commune leur ancien camarade sans que ni les parents, ni le prêtre l'accompagnent.

L'usage touchant d'ailleurs est d'exposer les morts dans leur cercueil à visage découvert en les couvrant de fleurs...

Mais le culte est réduit ici à sa plus simple expression ; même les jours de grande fête, l'office, à San Pedro, ne dure pas plus de vingt minutes, marmotté à demi-voix par un prêtre âgé ; si l'on désire faire la sainte communion, il faut le prévenir, et alors, avant la messe, il vous fait un signe pour venir vous agenouiller sur les degrés de l'autel qui ne possède pas de balustrade, et vous jette sur l'épaule une écharpe de mousseline blanche ; de même pour les mariages populaires que nous avons vu célébrer le jour de la fête paroissiale : les deux fiancés, la femme avec son costume ordinaire, jupe grise, châle clair et fichu de soie blanche sur la tête, sont venus recevoir la bénédiction nuptiale au milieu de la messe, sur les marches de l'autel, sans aucune pompe...

Par contre, les formalités de l'acte de baptême sont très compliquées ; il faut donner jusqu'aux noms des grands-pères et des grand'mères, le lieu où les parents sont été baptisés, une procuration du parrain ou de la marraine s'ils n'assistent pas à la cérémonie ; il est vrai que l'acte de baptême remplace en Portugal celui de l'état civil et que le curé est de droit président de la « junta de parochia » ou conseil municipal.

Le trait le plus frappant des mœurs primitives de ce pays, c'est peut-être la prison de Cintra, située sur la place principale où les captifs tendent encore les mains aux passants à travers les barreaux pour implorer leur aumône : déjà il y a vingt-cinq ans, ce spectacle m'avait paru digne du temps des Maures : aujourd'hui, au milieu des équipages, des tramways qui circulent, cela semble un anachronisme vivant, d'autant plus choquant que Cintra est le séjour du monde élégant de toutes les personnes attachées à la cour : on y est fort en train pendant la saison. La jeunesse aristocratique répète des pièces et des chœurs qui sont représentés sur le petit théâtre de Garrett. On fait assaut d'élégance au tennis de Setiaes auquel prend part quelquefois le jeune prince Dom Manoël. On va faire des promenades au clair de lune au château des Maures, des cavalcades à âne et des pique-niques où l'on potine ferme.

Toutes les personnes que nous voyons sont plus ou moins apparentées avec les personnages de la cour. La marquise O., ancienne dame d'honneur, me racontait ce trait charmant de simplicité de la Reine qu'elle avait croisée un jour vers trois heures, lancée au galop de son cheval : la marquise revenait de sa promenade, lorsqu'elle entend de nouveau les chevaux et, voulant éviter la rencontre, elle pressait le pas : mais elle reconnaît la voix de la Reine qui l'appelle : « Marquise ! marquise ! je voulais vous dire que si je ne me suis pas arrêtée tantôt, c'est parce que je craignais que mon cheval n'eût peur ! »

Le ministre Franco habite une belle villa sur la route de San Bento et me promenant un jour de ce côté, je demandai mon chemin à un sergent de ville que j'étais fort étonnée de trouver là en rase campagne. J'ignorais qu'il gardait la maison du ministre : cela m'expliqua son ton bourru. Peut-être me prenait-il pour une conspiratrice comme le Français qui a été arrêté récemment parce qu'il regardait le palais de la reine mère après avoir acheté des cartouches pour son revolver. On dit que Mme Franco a fait vœu de donner une grosse somme aux œuvres de bienfaisance le jour où son mari se retirerait des affaires, tant elle craint pour sa vie.

En continuant dans cette direction par des sentiers charmants à travers bois et rochers, parfois taillés dans le granit, on arrive à la fontaine des Amours, au-dessous du Monserrat.

Une autre fois nous frappions à la porte mystérieuse d'un ancien couvent délabré, voisin de Santa Maria ; une jeune paysanne nous faisait traverser un délicieux petit cloître tout enguirlandé de fuchsias grimpants, puis une basse-cour remplie de volatiles divers et enfin un jardin potager, où toute liberté nous était laissée ; bientôt nous trouvions un labyrinthe et des allées en tous sens sous les ombrages, escaladant en lacet les pentes de la gorge étroite dominée par le château des Maures : partout se rencontraient des bassins d'eau courante, des vasques où filtrait l'eau d'une fontaine, un mélange de culture et d'abandon des plus pittoresques : un coin de terre plantée au milieu des rochers, un sentier tracé au milieu de la brousse ; mais ce qui faisait la beauté surprenante de ce jardin à moitié sauvage, c'étaient des buissons d'hortensias éblouissants, épanouis dans tous les coins et haussant leurs boules roses ou bleues au-dessus de nos têtes : jamais je n'en ai vu d'aussi grands, d'aussi variés comme nuances, et je pensais aux pauvres religieuses qui avaient planté tous ces arbustes et qui ne devaient plus les voir fleurir !

Nous avions peine à nous arracher aux délices de cet

Château des Maures.

Éden inconnu, pour faire l'ascension un peu dure du *château des Maures* par les allées en escalier qui serpentent au milieu des grands pins, des blocs de rochers, découvrant peu à peu des vues splendides : les ruines de l'Alcazar et de l'antique citerne qui sont dans l'enceinte du parc royal sont entretenues avec soin et c'est un gardien qui en ouvre la grille ; du haut de la tour, le tableau est inoubliable : au premier plan, lui servant de cadre, l'enceinte crénelée, bastionnée du Castello dos Mouros, détachant sur l'azur ses crêtes grises et réunissant les deux sommets par cet escalier suspendu au-dessus des précipices que dominent les entassements de rochers superbement éclairés ; un à pic de verdure fuit sous nos pieds jusqu'à Cintra où, sur la place, les chevaux paraissent plats comme des mouches ; au deuxième plan, un contrefort de la Serra découpe en relief son échine dentelée où les villas roses sont nichées sous les ombrelles massives des pins parasols ; au loin, de plus en plus noyés dans les brumes du soir à mesure qu'ils s'éloignent, d'autres chaînons vont en diminuant d'intensité jusqu'à l'horizon où la mer s'incendie aux feux du couchant : un peintre seul pourrait rendre la magie de ce décor.

*
* *

3 Juillet. — Le palais de la reine-mère, dont les deux bizarres cheminées en forme de cône se remarquent de loin, étant habité par elle en ce moment, n'est pas ouvert au public, et nous ne verrons pas les curieuses salles des Cygnes et des Pies, la salle des Arabes remontant à l'époque de leur domination, mais en revanche nous obtenons l'entrée du palais de *Monserrat* ordinairement fermé aux visiteurs: une galerie dans le style indou, soutenue par une double rangée de colonnes en marbre rouge règne d'un bout à l'autre, les murailles sont revêtues d'une broderie d'arabesques, et au centre, une rotonde pavée de mosaïque d'où s'élance un jet d'eau, occupe toute la hauteur de l'édifice: malheureusement les statues de dieux grecs qui ornent toutes les niches des arcades détonnent avec le reste, et l'intérieur est bien moins intéressant que la galerie extérieure en terrasse, fleurie de plantes ravissantes et d'où les plus beaux points de vue sont ménagés à travers les arbres splendides du parc ; du sommet qu'occupe le palais, des pelouses de velours vert descendent en pente rapide jusqu'au pied de la montagne et sont plantées des essences les plus rares et les plus variées; on aperçoit sucessivement la mer encadrée dans la verdure, puis des montagnes dentelées, enfin le château de la Pena. Il est unique de voir un si merveilleux jardin dans un pareil site et cela rappelle Ceylan et Java, surtout dans la gorge où s'élèvent au milieu des eaux courantes, le bois des fougères gigantesques, entremêlées de buissons de fuchsias éclatants, de daturas aux longues corolles blanches et parfumées, d'hortensias bleus, de strelitzia en forme de têtes d'oiseau, d'aloès et d'araucarias géants...

Comment l'heureux propriétaire de ces merveilles n'y vient-il que trois mois par an ? On dit que ses affaires le retiennent dans la Cité pour y gagner les trésors qu'il enfouit à Monserrat.

**

5 Juillet. — Après avoir passé trois jours dans une nuée opaque et molle qui tapissait les sous-bois et prêtait à Cintra un aspect septentrional et mélancolique très différent de son aspect ordinaire, la buée qui nous cachait le bas de la montagne s'est résolue en fines gouttelettes de rosée, nous avons vu reparaître un soleil splendide dans un azur éblouissant sans le moindre nuage ; l'air purifié est embaumé des senteurs des citronnelles, des magnolias fleuris, des eucalyptus et des pins fraîchement lavés. On se sent allégé, heureux de vivre et avide de grand air.

Nous en profitons pour aller en voiture aux *Capuchos* : on prend d'abord la route de la Pena dont les dômes de faïence brillent comme de l'or, puis on tourne sur la droite pour suivre la crête de la Serra : des deux côtés il y a des échappées délicieuses, à gauche sur la mer bleue, à travers le feuillage des grands bois de pins et de chênes qui ornent les domaines du marquis de Valflor, le richissime propriétaire colonial qui a dépensé 100 contos rien que pour meubler les appartements du prince héritier, en passage à Sant'Anna. A droite ce sont des mamelons, revêtus d'une brousse verdoyante composée de chênes nains qu'on rase pour les faire repousser et servir de pâturage et de litière. La montagne devient sauvage : de tous côtés s'élèvent des pitons formés d'un entassement de roches qu'on s'étonne de voir tenir en équilibre et qui accusent leur origine volcanique. Nous parvenons enfin, non sans quelques cahots à l'amas de blocs où les Capuchos s'étaient nichés comme les Troglodytes d'autrefois. Aux appels réitérés de la cloche, arrive la vieille gardienne qui habite seule dans ce désert où elle ne reçoit des vivres que deux fois par semaine, elle nous fait visiter les étroites cellules où un homme d'une taille moyenne ne peut ni entrer sans se courber, ni se coucher de son long; plusieurs sont complétement privées d'air et de lumière; la chapelle est une caverne ronde, où l'on célèbre la messe encore une fois par an le jour de la fête patronale; la salle capitulaire est un autre réduit où l'on ne peut se tenir debout; les plaques de liège qui tapissaient les parois et qui ont fait donner à ce couvent le nom de Corticos, se décollent à cause de l'humidité qui suinte des rochers : on se demande comment des êtres humains ont pu passer leur vie dans de pareilles conditions ! le seul agrément, c'était le jardin abrité par de vieux cèdres, et encore resplendissant d'hortensias fleuris, et la vue splendide qui s'étend au bout d'une charmille moussue et décrépite ; l'espace illimité, du haut de ce belvédère, devait leur donner l'image du Ciel, et les vagues déferlant sur la plage dos Maças, celle des orages du monde qu'ils avaient fui, mais, comme suprême austérité, l'un d'eux, Honorius, voulut se priver de cette dernière jouissance et resta, dit une inscription, quatorze ans enfoui dans une grotte obscure où l'on descend par quelques marches...

Pour nous, profanes, les tables de pierre du monastère, servent à étaler les nappes fines et les mets délicats d'un lunch fort gai où la France et l'Angleterre fraternisent...

Du couvent, le cocher pique droit en bas sur Monserrat dont nous apercevons les dômes sous nos pieds et les lacs, limpides comme des miroirs : la chronique racon-

te que de belles dames n'ont pas craint de jouer aux naïades dans ces eaux pures et qu'il était permis de les contempler à travers le feuillage dans leur léger costume...
Nous voici à *Penha Verde* dont la gracieuse maîtresse de maison nous ouvre les balcons, d'où la vue est merveilleuse sur les flancs de la Serra et nous montre les souvenirs historiques et les précieux azulejos vieux de trois siècles.

CHAPITRE V

Excursions autour de Cintra : Cabo da Roca. — Mafra. — Evora.

12 *juillet*. — La plus belle excursion à faire de Cintra est sans contredit celle de *Cabo da Roca* qui donne en raccourci les divers aspects du paysage portugais avec ses brusques alternatives de fertilité et de désolation. Il faut pour l'entreprendre une après-midi complète, et un temps clair. Partant de la place du Palais-Royal on suit le Caminho de Collares qui chemine entre les enceintes des plus belles villas ; à gauche, la muraille crénelée, enjolivée de tourelles du parc de M. Million qui aboutit à une construction demi-mauresque et bizarre, à droite les arches du Campo de Setiaes, où fut signée la fameuse convention de Cintra et qui sert de rendez-vous mondain au groupe fashionable de Cintra. La route s'encaisse de plus en plus profondément au milieu des bois dont les ramures superbes, portant une seconde végétation de fougères, s'entre-croisent au-dessus de nos têtes ; ce qui les rend si curieux, si verdoyants en toute

saison, c'est le mélange d'essences européennes et exotiques ; les chênes, les ormeaux, les châtaigniers voisinent avec les pins, les eucalyptus, les lauriers, les myrtes. Soudain on débouche à mi-côte de la Serra dont les pentes se déroulent en moutonnant jusqu'à la plaine nue au bout de laquelle, comme une buée légère, se devine la mer ; c'est là que s'élève la *Penha Verde*, la riante retraite offerte par le roi à João de Castro qui lui avait conservé les Indes ; au-dessous *Bella Vista*, la résidence du ministre d'Angleterre, admirablement située et fleurie à souhait dont le « tennis ground » brille au soleil.

Quelques instant après nous longeons les grilles de Monserrat dont les dômes mauresques dominent la verdure ; la route descend peu à peu à travers les bois et traverse les villages d'Eigurra et de Gegaro ; les vergers de poiriers, de pêchers, de citronniers et de néfliers du Japon, couverts de fruits dorés, les treilles de vigne ombrageant les terrasses d'où débordent des touffes d'œillets, d'héliotrope et de géraniums éclatants, les jardins potagers enclos de hautes palissades de roseaux, succèdent aux parcs des villas ; des fontaines monumentales ornées de faïences s'élèvent près des villages sur le bord de la route ; et sur les hauts talus boisés qui se dressent à notre gauche fleurissent au milieu des fougères, les gueules-de-loup, les églantines et les marguerites sauvages ; Collarès est délicieusement étagée à mi-côte, arrosée par un ruisseau, et les jardins de ses maisons roses regorgent de fleurs, hortensias, verveines, glaïeuls, etc..., il me semble que l'Éden-Hôtel, petit châlet qui se présente au voyageur, doit mériter son nom, car c'est un coin des plus fertiles et des mieux cultivés, avec ses champs de maïs vert, ses vignes renommées et ses plantureux vergers.

Maintenant nous découvrons la mer vers laquelle nous sommes descendus et, sur notre droite, l'anse où se trouve la *Praïa das Macas*, petite plage rocheuse reliée à Cintra par un tramway. La route va suivre la côte pendant quelques kilomètres, et commence à gravir les hauteurs dénudées qui doivent nous mener au Cap. Tournant le dos à la Pena dont la cime se dresse toujours derrière nous, elle traverse Almocegena, d'où l'on va souvent à la Praça da Draga et le cocher nous indique sur la gauche une blanche villa entourée de vignes très soignées : c'est une « quinta reale » dont les grands chais d'une hauteur prodigieuse s'élèvent dans le village.

Après avoir laissé souffler un instant les chevaux sur la place, nous reprenons l'ascension pénible pour eux, mais ravissante pour nous, car voici la vapeur bleue qui envahit l'horizon, il faut un instant d'attention pour se rendre compte que c'est bien l'Océan, voilé par une brume semblable à une gaze transparente et diaprée par les petites lumières qui dansent à la crête des vagues, qui s'étend ainsi sous nos yeux à l'infini ; l'œil ne peut se rassasier de ce splendide spectacle, la côte verte dentelée du Portugal se dessine en relief sur cet azur à mesure que nous avançons, et vers 4 heures, le cocher nous montrant une tour qui se dresse à l'extrême bord au-dessus des rochers dit : « Voilà le *Cabo da Roca* ! la pointe la plus occidentale du continent Européen ; la voiture nous mène jusqu'à l'entrée du village d'Azaïa où la route se transforme en sentier. Le phare semble tout près, mais la pureté de l'atmosphère est trompeuse ; il faut encore une heure de marche pour y arriver. Je reste à rêver devant la solitaire grandeur de ce monument posé au bord de l'Océan infini comme l'aire d'où l'oiseau prend son vol dans l'espace, tandis que mon compagnon suivant les dunes à pied, passe auprès des moulins à vent qni se dressent sur la falaise, tout entiers contre le ciel. Le village bâti à moitié de rochers est misérable; les maisons écrasées semblent se tapir contre terre pour échapper aux prises du vent terrible qui souffle sur cette côte et qui va nous poursuivre jusqu'à Cintra.

C'est à se demander comment il ne nous enlève pas pour nous précipiter dans les profonds ravins que nous contournons: les chaînons de la Serra descendant à pic dans les flots creusent entre eux des échancrures profondes que remplit la mer et les versants que rasent les rayons déjà bas du soleil sont les uns dorés par lui, les autres plongés dans l'ombre opposée ; c'est un véritable plan en relief de la côte que nous avons sous les yeux, car aucune végétation ne dissimule ses contours : c'est la montagne plongeant dans la mer, et soudain, elle s'abaisse: une plage sablonneuse ourlée d'écume dessine son promontoire; le pays devient complètement désert ; la route pierreuse qui semble monter jusqu'au ciel n'est bordée que des piques d'aloès dont les hautes hampes la jalonnent, parfois des touffes de géraniums sauvages les tachent de rouge. On pourrait se croire bien loin de tout pays civilisé dans ces plaines envahies par la brousse et les rochers, avec la Serra anguleuse qui grandit derrière nous.

Après avoir cheminé une heure dans cette région désolée, quel coup de théâtre d'apercevoir tout d'un coup la riante baie de Cascaes qui s'ouvre devant nous avec sa ceinture de villas roses et rouges tranchant sur la mer d'un bleu intense! le contraste est saisissant ! Voici le palais royal avec son allée de palmiers, le petit port où le yacht tout blanc de Dom Carlos est à l'ancre et où dansent les barques, mais aucune cabine n'est encore visible, la saison ne commence qu'en septembre. Après nous être restaurés chez le pâtissier français, et toujours poursuivis par le vent déchaîné, nous reprenons la route de Cintra qui traverse des landes incultes : la mer semble monter à l'horizon à mesure que nous avançons, mais la rafale est si rude et si froide que j'ai dû enlever mon chapeau pour m'encapuchonner complètement.

Un quart d'heure avant d'arriver à l'arrabalda de San Pedro, on a la surprise d'apercevoir les bâtiments neufs d'une ferme importante, entourés de champs de blé et de luzerne bien cultivés enclos de murs, des bois de pins, d'autres champs où une paire de bœufs traîne la charrue avec une lenteur orientale ; je m'informe : c'est la Quinta de Buon Despacio et de Ramalhao ; alors une question se pose ? Toute cette brousse pourrait-elle aussi devenir fertile ? ne manque-t-il au Portugal que des bras et des capitaux pour le cultiver ?... Cette exploitation agricole si bien tenue est celle des Pères Missionnaires du Saint-Esprit, qui ont défriché la contrée en faisant travailler les frères ; ils donnent ainsi un exemple frappant renouvelé du moyen âge, mais l'indolence des paysans portugais de cette région est telle qu'ils n'en sont pas touchés ; ils préfèrent vivre avec un morceau de pain et des sardines, plutôt que de se donner de la peine, et ils ne savent aucun gré aux Pères de leurs efforts : ceux-ci ne se contentent pas de semer le grain de froment ; ils répandent aussi celui de la parole divine et leur jolie chapelle est un centre d'action religieuse ; malheureusement, l'indifférence est complète et l'immoralité générale; à peine une jeune fille a-t-elle fait sa première communion qu'on la retrouve mère de famille ; on appelle cela se mettre en ménage !

*
* *

13 *juillet*. — Il est 10 heures et demie, les sonnettes des chevaux tintent joyeusement, se mêlant aux derniers sons du « pesce fritto » sur la place de Cintra où nous avons donné rendez-vous à quelques amis, afin de faire en bande l'excursion de *Mafra*. Les sept voyageurs se casent tant bien que mal dans les vieilles calèches aux ressorts fatigués ; le ciel est couvert ce qui nous promet une température fraîche. Nous traversons le quartier neuf de Santa Stéphania où commencent à se bâtir de petites villas, genre environs de Paris, qui dépareront les abords de Cintra ! Souhaitons que la végétation exubérante vienne vite les envelopper ! puis nous descendons dans la plaine nue et rocailleuse où souffle à perpétuité le vent de mer qui la rend infertile. Les arbres plantés le long de la route inégale et poussiéreuse n'ont pu résister : ils ont courbé l'échine et ces pauvres troncs bossus font pitié à voir; soudain, comme par une évocation magique, les dômes de Mafra se montrent à l'horizon, indiquant le but de notre course, ils

paraissent tout près, mais nous savons que cinq bonnes lieues nous en séparent, et presque aussitôt ils disparaissent derrière un pli de terrain : ces larges vallonnements et ces collines dénudées qui dentellent l'horizon sur notre droite sont une ramification des fameuses lignes de *Torrès Vedras*. Le squelette du sol tourmenté qui n'est caché par aucune végétation, se montre à découvert et la roche qui affleure en beaucoup d'endroits semble être l'os qui perce la peau, la couche de terre végétale trop maigre ; de gros blocs sont semés dans les champs en jachère où les hauts chardons violets et jaunes fleurissent seuls. La moisson est coupée : à l'entour des villages nous rencontrons, chargés de gerbes, les chars si primitifs aux grosses roues pleines, dont le grincement est, paraît-il le meilleur excitant des bœufs vigoureux qui les traînent ; ces rustiques équipages nous reportent à des siècles en arrière, mais les bouviers à la taille bien prise dans leur veste et leur ceinture de laine, les jambes moulées dans leur culotte courte, ont une démarche et une attitude autrement souple et sculpturale que celle de nos paysans engoncés dans leur blouse flottante et habitués à se dandiner ; Il y aurait là pour des artistes de précieux documents.

Plusieurs fois aussi nous apercevons des scènes qui évoquent des souvenirs bibliques; une aire où tout le bétail de la ferme, âne, vache et cheval accouplés et muselés, tournent patiemment en rond pour dépiquer le blé sous leurs sabots. Une seule exploitation un peu importante se présente sur notre chemin. C'est la ferme-école de la Granja où nous apercevons avec stupeur une machine à battre moderne ! Puis viennent les carrières

Attelage de bœufs.

de marbre rose de Pero-Pinheiro. Les montagnes se rapprochent et soudain nous découvrons des hauteurs que nous avons gravies, une gorge profonde au fond de laquelle coule le Cheleiros. Le joli village du même nom, aux maisons riantes avec leurs toits de briques rouges, leurs murailles d'une blancheur éclatante dont les quatre coins sont peints en bleu, s'étale à mi-côte sur l'autre rive qu'un pont très élevé relie à la nôtre. Le cocher lance ses chevaux au galop dans la pente rapide, aussi les cahots ne nous sont pas épargnés, mais c'est le point le plus pittoresque de la promenade. Dans notre dos la montagne de Cintra s'élève toujours dans le ciel et la Pena se perd dans les nuages. Nous stoppons un instant à l'entrée du village ; les cochers offrent à leurs chevaux du foin et les petites filles de l'école entourent nos voitures en demandant l'aumône ; quoiqu'elles soient toutes proprement habillées, quelle misère on devine dans ces intérieurs, dont nos paysans se contenteraient à peine comme étables !

A partir de là, le pays est plus cultivé, les champs de maïs ou de blé moissonnés, alternent avec les bois de pins, les carrés de vigne, les oliviers et les vergers toujours entourés de murs en pierre sèche, pour les protéger du vent. Nous entrons vers 1 heure dans les belles allées de platanes de la Tapada de Mafra qui paraissent encore plus verdoyantes après la contrée si nue que nous avons traversée : et soudain sur la place du village, nous nous trouvons en face du colosse de Mafra. Il paraît d'autant plus gigantesque que rien ne motive sa présence dans cette campagne écartée ; mais de cette énorme masse rectangulaire qui se dresse sur une longueur de 250 mètres sur

220 mètres de large et dont l'église avec ses deux tours occupe le centre, il ne se dégage aucune impression de beauté. La couleur en est vilaine et les lignes plates, froides et sans grâce.

Un peu effrayés de la perspective d'avoir à visiter cet immense monument, nous éprouvons le besoin de réparer d'abord nos forces, et, sous les ombrages, nous allons goûter un lunch exquis préparé par les soins de l'aimable Lady V..., aux sons du carillon qui se répète tous les quarts d'heure. C'est, je l'avoue, le moment le plus agréable de la journée un peu rude que nous avons entreprise : tandis que nous nous reposons, les compagnies de l'école d'infanterie établie dans l'ancien couvent devenu caserne, défilent sur la route, allant à des expériences géodésiques. Mafra est à la fois le Saint-Cyr et le Saint-Maixent portugais.

La seule partie vraiment belle de l'énorme édifice est la chapelle du couvent qui a les proportions et le style de Saint-Sulpice, avec une abondance de plaques incrustées de marbre rose, de bronze doré dans les orgues, de rétables et de statues dans le goût michelangelesque, de magnifiques lampes de cuivre doré suspendues devant les autels par séries de 9, avec de curieux motifs en forme de dauphins. L'ensemble est harmonieux, d'une grande richesse et de proportions imposantes.

Après cela, la bibliothèque, dont tous les volumes sont reliés en blanc, l'ancien réfectoire où 300 moines pouvaient tenir à l'aise, la vaste cuisine aux six tables composées de blocs de marbre, ont encore un intérêt de curiosité, mais rien n'est plus banal et plus monotone ne l'enfilade des appartements royaux composés de pièces toutes pareilles, se succédant à perte de vue et sans aucun mobilier, sauf les deux derniers salons où le Roi vient parfois habiter lorsqu'il chasse à Mafra. On se sent pris de découragement lorsqu'on a devant soi ces longues galeries sans aucun intérêt qui comptent 2.500 fenêtres et 5.200 portes ; mais les trois guides qui se repassent nos personnes successivement ne nous font grâce de rien et nous devons grimper une série interminable d'escaliers pour aller voir les terrasses d'où l'on se rend compte de l'ensemble du monument et où quelquefois on fait manœuvrer les troupes, puis une cellule des moines franciscains conservée avec son ancien mobilier, un lit de planches, avec une bûche comme oreiller et un crâne humain au pied; la chronique prétend que c'était là un décor purement extérieur et que les richesses du monastère étaient énormes! en tous cas, son fondateur Jean V, a bien inutilement obéré les finances du royaume. Tel est le sentiment final qui se dégage de notre visite à cette ville de pierre et de marbre qui a commencé la ruine du Portugal, en 1717.

Le retour est fort agréable aux lueurs changeantes d'un ciel orageux qui accuse les reliefs du sol en éclairant capricieusement certaines crêtes tandis que les autres sont plongées dans l'ombre et avec la brise délicieuse qui fait tourner les moulins à vent, trèfles à quatre feuilles, plantés sur toutes les hauteurs qui se détachent sur le ciel couleur de plomb. L'excursion de Mafra gagne singulièrement à être faite dans les conditions charmantes où nous étions, sans quoi elle serait fastidieuse.

*
* *

14 *Juillet*. — D'après le Bædeker, *Evora* est une des villes les plus curieuses de la péninsule, toutefois ce n'est pas sans peine que j'ai arraché mes compagnons à leurs sérieux travaux pour faire cette excursion qui me tente, parce que c'est une pénétration au cœur du Portugal moins fréquenté des touristes.

Dès 8 heures du matin par une journée splendide, nous nous réunissons à l'embarcadère de la place du commerce d'où part le bateau à vapeur de Barreiro et prenons des billets d'aller et retour combinés pour la traversée et le chemin de fer.

C'est un délicieux début à cette journée un peu dure que de glisser à la fraîcheur du matin sur cette baie toujours enchanteresse de quelque côté qu'on la regarde ; dans cette direction, nous embrassons à la fois la pointe de Cacilhas qui s'avance pour la fermer comme un lac et le cours supérieur du Tage qui s'élargit au-dessus de Lisbonne, de telle façon que la pleine mer semble être de ce côté ; nous longeons les hautes fabriques rouges d'Alfayete couronnées de verdure, et voici déjà Barreiro trop tôt à notre gré.

Tout d'abord, la voie nous ménage à gauche de rapides et jolies échappées sur le Tage et sa vallée fertile où le maïs, la vigne, l'olivier couvrent de leur riche verdure une terre rouge et bien arrosée ; puis, c'est la Serra Arrabida qui se dresse sur notre droite, portant sur son plus haut pic les tours et les créneaux de l'ancienne forteresse conquise sur les Maures par les ducs de Palmella ; c'est

San-Braz.

de Pinhal Novo que part l'embranchement de Sétubal où la grève qui règne en ce moment a fermé toutes les fabriques de conserves de sardines, mais, hélas ! voici que bientôt le paysage devient aride, sauvage: est-ce dû à la sécheresse exceptionnelle de cette année ?

Ce ne sont plus que des plaines où la moisson à demi faite se compose de quelques maigres javelles, puis des savanes où seule pousse la brousse, entremêlée de quelques bois de pins et de forêts de lièges ; quand je dis forêt, c'est une manière de parler, car les arbres sont espacés de façon qu'ils ne couvrent pas le sol et ne donnent presque aucune ombre ; je ne connais rien de triste comme l'aspect de ces arbres au feuillage sombre, au tronc tordu, où l'écorce enlevée laisse des cicatrices d'un rouge vif, et fait penser à Marsyas écorché; de rares quintas mettent parfois sur une éminence la tache blanche et rouge de leurs murs peints à la chaux, et couverts en brique, mais autour, il n'y a ni un arbre ni un jardin; et souvent on passe d'une gare à l'autre sans apercevoir ni une demeure ni un être humain ; aux stations on a planté des eucalyptus qui sont d'un aspect également misérable avec les haillons « végétaux » qui pendent de leurs troncs dégingandés.

A Castello Branco le guide dit *buffet*, et nous profitons du changement de trains pour nous y précipiter, mais, ô fallacieux espoir ! il n'y a que quelques gâteaux secs et le vin alcoolique du pays. La chaleur est déjà terrible, nous commençons à soupirer après Evora qui va, nous l'espérons, nous dédommager de ces quatre heures de chemin de fer !

Déjà des lignes de peupliers d'un vert foncé annoncent la plaine fertile, entourée de montagnes où, successivement Sertorius, César, les Maures, puis les rois de Portugal avaient établi le siège de leur puissance. — De loin la cathédrale domine la ville de sa masse imposante: sur la route, de la gare à l'hôtel se présente une étrange église qui semble conçue dans le style saharien avec ses épaisses murailles rouges et nues, sans fenêtres, crénelées, entourées de contre-forts. C'est en 1480 que l'évêque bâtit en exécution d'un vœu à *saint Braz* qui avait fait cesser la peste, cette extraordinaire chapelle du style Normand-Byzantin, unique en son genre, dont la porte fortifiée, forme le tiers de sa longueur ; les six tourelles pointues avec les parapets crénelés de chaque côté lui donnent l'air d'une forteresse ; les chapiteaux sont byzantins, et les arcs en ogive.

Par un dédale de petites ruelles montantes, nous arrivons au port de refuge que nous représente l'hôtel Eborense; du moins la température y est fraîche, mais, hélas! l'heure du déjeuner est passée, nous devons nous contenter des restes de la table d'hôte. A deux heures bravant les feux d'un soleil africain nous nous faisons conduire à l'ancienne *Bibliothèque de l'Archevêché* aujourd'hui propriété nationale, qui est une superbe galerie contenant 25.000 volumes dont beaucoup de manuscrits, il y a aussi une galerie de tableaux ; hélas! nous apprenons que le principal, le chef-d'œuvre de Gérard David a été vendu, les autres sont plus ou moins exactement attribués à Rubens, Vélasquez, etc., mais il y a quelques têtes d'inquisiteurs parlantes; en effet, voici un souvenir de leur passage : un énorme étendard de soie rouge à franges d'or soigneusement renfermé sous verre; en m'approchant, je lis sur l'étiquette placée au pied, ces lignes dont tout commentaire affaiblirait la couleur locale. « A l'ombre de cet étendard, de 1500 à 1640, ont été, par les soins du Saint-Office, « délivrés de leur chair » (*quemados*) pour la défense de la Foi : de tout âge et de tout sexe... 8.000 personnes dont 180 hommes brûlés vifs et autant de femmes ! « Ceci nous ramène d'un trait à 400 ans en arrière mieux que les manuscrits, les églises et les portraits ! C'est un monument historique saisissant des excès jusqu'où peut être entraîné le pouvoir civil lorsqu'il s'arroge le droit de scruter les consciences.

Quant aux superbes tapisseries à 100 personnages qui servaient naguère à construire des tentes et dont un Anglais de passage a révélé la valeur, de même que le tableau de Gérard David, elles ont disparu, vendues pour des sommes infimes ! De même, *la cathédrale*, d'un gothique primitif dont le vaisseau étroit, élevé, ne manque pas d'une certaine grandeur, a été défigurée par les lignes de peinture blanche qui marquent chaque pierre ; à droite et à gauche du chœur, deux chapelles, fermées par des grilles dorées renferment des rétables et d'immenses reliquaires en bois sculpté, spécimens du style manuélin qui sont d'une grande richesse ; sur un terre-plein à côté de la cathédrale s'élèvent quelques colonnes corinthiennes, restes d'un temple romain qui surprendraient dans cette ville moyenâgeuse si l'on ne savait qu'elle remonte jusqu'aux Phéniciens.

En traversant la place do Giraldo dont le pavé de mosaïque blanche et noire est inondé de soleil pour aller voir l'église de San Francisco, nous nous arrêtons un instant sous les arcades trapues qui l'entourent pour acheter quelques cartes postales à titre de renseignement. Hélas ! elles nous prouvent à l'évidence que les habitants d'Evora ont défiguré, gâché tous les monuments si curieux qu'ils possédaient : ainsi le cloître de San-Francisco a été muré, le *paceo de San-Manoel*, ce délicieux palais renaissance, changé en halle vitrée où les jardiniers remisent leurs pompes et leurs arrosoirs ; à côté on a créé, avec des débris d'édifices, des ruines factices qu'un lierre complaisant antidate ! Par contre, on a conservé intacte la macabre *chapelle des Franciscains*, ossuaire où les piliers et les murs sont faits de débris humains et les voûtes enguirlandées de crânes; un squelette entier est accroché à un clou auprès d'un autre plus petit, ce sont le père et le fils; au-dessous cette inscription : « Nous vous attendons ! »

San Francisco aussi présente l'aspect d'une forteresse plutôt que d'une église et en effet elle est d'une solidité peu commune, puisque l'architecte qui l'a rebâtie en 1224, lui a donné une double muraille extérieure reliée par des murs transversaux et divisée en dix arches, formant les chapelles; l'intérieur en est très spacieux et les voûtes d'une grande portée sans autres piliers pour les soutenir que ceux adossés aux murs. Quelques peintures des mystérieux peintres flamands ou portugais du quinzième siècle sont dans un triste état de conservation.

Un peu découragés par nos déceptions successives, après avoir fait le tour du jardin créé sur les remparts bastionnés du moyen âge et d'où les lignes d'aqueducs s'étendent dans la campagne, nous voulons pénétrer dans l'église Saint-Braz, et en attendant la clef, prenons place sur un banc de pierre, mais il est tellement brûlant que force nous est d'en chercher un plus loin ; le guide ne revient pas et l'heure du train arrive. En regagnant l'hôtel, nous apercevons la curieuse église de Notre-Dame-de-Grâce avec ses titans assis de chaque côté du fronton dont les jambes pendent comme des gargouilles.

Il y aurait d'autres couvents à voir en dehors de la ville, des coins curieux à découvrir pour un peintre, mais la seule idée d'une nuit à passer dans l'hôtel Eborense nous ferait reculer ! puis nous sommes désillusionnés. Le retour est long, bien que la lumière du soleil couchant dore les plaines de l'Alemtejo d'un reflet qui les ferait paraître presque belles dans leur sauvage nudité; la fraîcheur n'est pas venue avec la nuit, nous soupirons après la traversée du Tage. Enfin voici les lumières de Lisbonne qui apparaissent comme une bande de feu ; la brise de mer nous ranime; assis à l'avant du vapeur, nous voyons les jets de la lumière électrique percer l'obscurité pour nous tracer notre route à travers tous les obstacles que nous pourrions heurter. C'est le directeur du port qui a eu cette idée des projections lumineuses permettant d'établir un service de nuit. L'effet est fantastique, tantôt c'est une barque avec sa voile blanche qui, soudain, surgit de l'ombre tout près de nous, alors que nous ne soupçonnions pas sa présence, tantôt une coque de navire qui s'irradie sous le jet éblouissant qui fouille sans relâche à droite à gauche dans les ténèbres de la nuit : les bouées qui nous tracent notre chemin semblent des globes de feu ! et lorsque nous abordons à la place du Commerce tout illuminée, les degrés de marbre blanc baignés par la mer (car l'eau du Tage est salée), semblent l'entrée d'une ville enchantée.

Lisbonne, le soir, présente en effet des aspects étranges par le contraste entre ses rues brillamment éclairées à l'électricité et les faîtes d'escaliers qui s'ouvrent comme de mystérieuses bouches d'ombre au bout desquelles scintillent les feux des navires en rade

CHAPITRE VI

Caldas da Rainha. — Alcobaça. — Batalha. — Leiria. — Coimbre.

Mon séjour touche à sa fin. Ayant renoncé au voyage projeté à Tanger, à cause de la chaleur, je veux du moins explorer le nord du Portugal avant de le quitter et commencer par l'excursion aux célèbres cathédrales d'Alcobaca et Batalha qui se fait par chemin de fer jusqu'à Vallado et ensuite en voiture.

5 août, lundi. — Première journée, premier incident. En arrivant de Cintra à Cacem où je changeais de train pour Caldas, je vois que mes malles enregistrées à Cintra ne m'ont pas suivie; dans mon sabir portugo-italien, j'explique la chose aux employés de la gare qui m'assurent que mes bagages arriveront à Caldas à minuit, mais si j'en avais eu besoin ce soir ?...

La ligne de Cacem à *Caldas da Rainha* passe plusieurs fois des régions incultes et montagneuses où de singuliers rochers en forme de menhirs sont dressés sur les landes, à des vallons verdoyants tels que celui du Sizandro, et à des bois de pins ; ce sont ceux-ci qui dominent après Torrès Vedras dont les ruines mauresques nous apparaissent au soleil couchant.

Est-ce parce que je suis mal disposée ? triste d'avoir quitté les miens ? le pays me semble mélancolique et d'ailleurs peu habité. A la nuit, j'entrevois sur une hauteur les ruines crénelées d'Obidas, quelques villages sur des coteaux mais pas de fermes isolées. Grâce à une aimable recommandation, à la gare de Caldas, m'attend un inspecteur de la ligne qui me fait avancer une voiture pour me conduire à l'hôtel Lisbonense, distant de un kilomètre. Le titre de correspondante de la *Société de propagande* (1), produit aussitôt son effet. La femme de charge me conduit dans une chambre très propre, éclairée à l'électricité ; le service est bien fait, le dîner promptement servi, mais comme les plats sont réchauffés, je ne puis juger du talent du cuisinier, français, paraît-il ; ce qui est bien portugais, ce sont les matelas en paille, durs comme du bois, avec un tout petit oreiller en laine. Je cherche en vain une position pour dormir et le lendemain j'apprends, un peu tard, que si je l'avais demandé, on m'aurait donné un matelas en laine ; cette expérience me servira pour une autre fois. L'hôtel est du reste très grand et bien tenu, et possède une immense salle des fêtes et c'est ici que descendent les officiers en manœuvres et la Reine, lorsqu'elle vient par hasard visiter les bains, comme ce printemps, avec le roi de Saxe.

(1) La « Société de propagande » de Portugal analogue à notre Touring-Club poursuit le même but et a publié un excellent *Manuel du voyageur*, traduit en français.

6 août. — Dès l'aube du lendemain, conduite par le portier de l'hôtel, je pénètre à l'établissement thermal où les baigneurs plongent leurs rhumatismes dans les piscines d'eau bouillante et j'en rencontre plusieurs revenant de leur bain, en chaise à porteur ; au Club-Casino attenant, l'orchestre est déjà en fonctions comme dans toutes les villes d'eau. En fait de distractions sportives, un vélodrome est construit devant l'hôtel..

De là, par le parc, encore peu ombreux, car les arbres en sont jeunes, nous allons à la fabrique de faïence, la plus importante du Portugal ; un artiste contemporain du fameux Bordallo Pinhero est en train de décorer des bonshommes en terre cuite, dans le genre de Bernard Palissy, retrouvé par un artiste de Tours, le même qu'à Vallauris.

Ce sont des crabes, des animaux, des plantes, modelés et peints, et aussi des personnages de grandeur naturelle, car, dans une salle réservée, sont exposés des groupes représentant des scènes de la Passion laissées par le célèbre artiste qui fut, dit-on, le rénovateur de la céramique et des broderies portugaises. J'avoue que j'eusse préféré voir des panneaux décoratifs en camaïeux de faïence comme ceux que j'aime tant dans les églises ; on m'assure que la fabrique en fournit.

En rentrant, mon guide me signale la vieille tour curieuse de l'hôpital.

A 10 heures, l'inspecteur est de nouveau à l'hôtel avec la voiture pour m'emmener à la gare. Lui voyant à la main un superbe bouquet qui m'est destiné selon toute apparence, je lui offre une place à côté de moi, il fait apporter mes bagages dans le wagon, précaution que j'apprécie fort après l'aventure d'hier, et me recommande à l'un de ses amis, parlant français, qui se rend aussi à Vallado ; de recommandation en recommandation jusqu'où irons-nous ? Il se trouve que ce monsieur est un officier de marine qui a été à Macao, et nous voilà de suite en pays de connaissance !...

Il me fait remarquer la jolie anse bleue du port de Saint-Martin, seul point de la côte où une ouverture dans la ligne des dunes permet de voir la mer et à Vallado, m'aide à reconnaître l'équipage commandé la veille, et venu de Leiria pour m'y conduire ; la calèche est vieille et très fatiguée, mais les chevaux paraissent bons. — Jusqu'à *Alcobaça*, la route suit le frais vallon de l'Alcoa qui coule encaissé à l'ombre des eucalyptus ou des peupliers ; nous rencontrons beaucoup de paysannes coiffées du chapeau de feutre noir tout rond avec la houppe de côté et posé sur un fichu de couleur, les unes à âne, les autres à pied, mais toujours sans chaussures ; les ânes disparaissent sous des charges de bois ou de bruyère sèche ; c'est vraiment l'animal indispensable en ce pays comme le chameau pour l'arabe.

L'auberge Gallinha est propre quoique rustique et après avoir avalé des œufs à la coque et un bifteck, je pars à pied pour *la cathédrale* dont on aperçoit de loin, dominant la place, la façade dorée par le soleil, mais malheureusement défigurée au dix-huitième siècle. Elle contraste avec l'aspect austère de l'intérieur auquel tout contribue : la sévérité du style gothique très pur de 1148 avec ses piliers massifs, le long desquels s'élèvent de fines colonnes, formant comme des contre-forts arrêtés à mi-hauteur et de loin ressemblant à une muraille, le petit nombre des ouvertures placées très haut, enfin la nudité complète de l'église qui n'est pas comme chez nous, rompue même par des chaises. On est surpris d'entendre un bruit souterrain d'eau courante, c'est le bras du fleuve qui passe sous l'église et traverse la cuisine de l'ancien couvent transformé en caserne.

Derrière le chœur, cinq chapelles forment comme à Sainte-Sophie un déambulatoire ; ma curiosité est surtout excitée par celle qui contient les tombeaux d'Inès de Castro et de Dom Pedro : deux sarcophages de pierre blanche fouillés comme des ivoires et représentant en bas-relief, l'un, des scènes de la Passion, l'autre la vie de saint Barthélemy, sont placés pied contre pied pour se voir de suite à la résurrection. J'avoue que ce roman historique a toujours parlé à mon imagination ; pourquoi faut-il que des mains françaises aient saccagé ces merveilleux mausolées ?

De là nous passons au cloître du roi Denys qui a grand caractère dans son archaïque simplicité avec ses deux étages d'arcades, encadrant un jardin fleuri et dans l'un des coins, une fontaine jaillissante octogone aux sculptures très remarquables ; la *Sala dos reis*, avec ses beaux azulejos représentant les diverses scènes de la fondation du monastère, est d'un genre bien portugais, mais je lui préfère la petite chapelle *do Desterro* entièrement revêtue des mêmes faïences et dont le rétable en bois doré aux colonnes torses, aux fleurons et aux feuillages très fouillés est un vrai bijou ; cette petite chapelle à laquelle on arrive à travers un cimetière qui est un parterre tout embaumé de rosiers et de lauriers en fleurs a quelque chose de très touchant et de très soigné.

Je repars d'Alcobaça à 2 heures ; il fait très chaud quoiqu'un vent assez fort nous vienne de la mer, la route monte et les chevaux sont fatigués de leur course d'hier, le cocher somnole, laissant flotter les rênes, de sorte que nous roulons cahin-caha sur la grande route poudreuse et ensoleillée ; le pays est accidenté ; des vignes, des champs de maïs à la fraîche verdure alternent avec les bouquets de pins, les masses sombres des figuiers, les taches grises des oliviers ; la campagne est bien cultivée ; pour la première fois je vois des hommes vaquant par équipes aux travaux des champs, sarclant ou arrosant leur maïs ; nous rencontrons des paysans montés sur leur ânes, coiffés de leurs larges chapeaux ou du bonnet de coton noir ; des chars à banc encombrés de voyageurs, mais surtout des chars rustiques dont la chanson me rappelle étrangement le grincement des brouettes chinoises, de même que les femmes, pieds nus, portant leurs fardeaux sur la tête, me font penser aux Annamites. Sur notre droite s'élève peu à peu la serra d'Allados toute côtelée et dénudée, puis après Aljubarotta, patrie de la Jeanne Hachette portugaise, ce sont les hautes pinèdes qui dominent, avec de nombreuses briqueteries ; la journée s'avance, voilà deux heures et demie que nous roulons...

Soudain, dans le fond d'un vallon vert, au bout d'une allée de peupliers, j'aperçois une merveilleuse façade, vraie dentelle de pierre qui se dresse comme un joyau dans son écrin de velours ; c'est d'une idéale légèreté, comme une œuvre de fée : voilà donc *Batalha* !...

Batalha.

— « L'église dominante et toute auréolée d'arcs-boutants, la chapelle octogonale du Fondateur aux fastueuses sépultures royales, les chapelles imparfaites au chevet, les deux cloîtres, le réfectoire, la salle capitulaire sous sa fameuse voûte d'une seule volée, tout cela fait un grandiose ensemble de pierre ouvrée, d'un blanc légèrement doré qui s'ajoure, s'affine et s'envole dans une surabondante, mais très pure, floraison. Les plus délicates ciselures du gothique flamboyant tapissent les murs, remplissent les fenêtres, brodent les arcs, courent et rampent sur toutes les arêtes, jusqu'à la pointe du clocher et des pinacles ; la même galerie à jour aiguisée de fleurs de lis, couronne partout les arêtes, dessine le rebord des toitures, comme le même volant de dentelle ourle toutes les pièces d'une lingerie précieuse !

L'église absolument vide allonge sa triple avenue dans toute la pureté de lignes de sa pierre nue ; l'absence de triforium, l'élévation considérable des grands arcs montant jusqu'à la claire-voie lui donnent un élan superbe. A part cette particularité et le profil typique des toitures de pierres plates portant collerettes fleurdelisées, Batalha est un pur édifice gothique du Nord à la dernière période ; mais la couleur locale, avec toute l'exubérance du style manuélin, se retrouve dans l'ornementation des chapelles imparfaites, somptueuse rotonde octogonale qui n'a jamais reçu sa coupole et dans la clôture ajourée du grand cloître royal où la pierre fleurie fait un si admirable cadre aux vraies fleurs éclatantes des parterres (1). »

— Fondés par Jean Ier d'Aviz, surnommé *de Boa Me-*

(1) *Le Portugal*, par Marcel Monmarqué.

moria, le monastère et l'église de la Bataille sont le symbole d'une victoire vraiment populaire puisqu'elle assura l'indépendance du Portugal, délivré de la suzeraineté castillane, à Aljubarotta. Ils représentent aussi pour l'histoire de la civilisation lusitanienne la synthèse des connaissances les plus élevées, divines et profanes, des règles de l'art et de l'érudition portugaises. Les grandes fondations royales, Batalha, Thomar, Alcobaca, Belem sont remplies de sarcophages et de cénotaphes, chefs-d'œuvre de sculpture, d'inscriptions héroïques et de blasons. Sur le tombeau de Jean Ier est gravée sa devise: *Il me plet por bem* (Il me plaît pour bien), entremêlée à une haie d'épines symbole de sa charge auprès de son peuple. Malheureusement, sous ses successeurs, les dix princes d'Aviz, tous passionnés pour l'œuvre magnifique entreprise, des revers nationaux interrompirent les travaux, et finalement firent abandonner les sept chapelles imparfaites, toutes variées dans leur plan et leur inspiration, qui promettaient un incomparable couronnement : rien n'égale la décoration du portail qui les relie à l'église, dont la richesse de fantaisie trahit l'influence indoue.

Dans la chapelle du Fondateur, octogone lumineux, type de la plus haute perfection, 12 niches toutes différentes, sépultures royales, révèlent par leur prodigieuse technique dans la faune et la flore décoratives, la science héraldique, et le dessin ornemental toute la poésie des troubadours associée au réalisme des bouffons, et à l'héroïsme des chevaliers.

Ce cycle des grands monastères historiques, est-il l'œuvre d'artistes nationaux ? Existait-il en Portugal une école de marbriers ? De nombreux spécimens, tant du style roman que du style ogival, se trouvent dans les paroisses ignorées comme dans les grands temples, et tantôt dans les documents, tantôt sur la pierre, on rencontre réunis les noms des maçons et des architectes qui travaillaient fraternellement pour l'amour de Dieu, et dont les plans, lorsque la mort venait les interrompre, étaient souvent remplacés par de nouveaux.

Il est probable que le plan général de Batalha, dû au Portugais Domingues et au Français Huet, a été le résultat d'un concours par une Junte d'architectes, comme il en existait tant au moyen âge dans la péninsule; le dessin des 3 nefs, du transept, des 5 chapelles de l'abside, du claustro reale, et de la salle du Chapitre font partie du plan primitif, et le reste a été ajouté ensuite. Quelques critiques ont voulu y voir des réminiscences de la cathédrale d'York ; mais il y a bien plus d'analogie avec celle de Burgos qui a aussi les 3 nefs, les 5 divisions du transept et la chapelle du connétable Velasco, reliée à l'église comme les chapelles imparfaites et présentant aussi un polygone à 8 faces. D'ailleurs Burgos ressemble à Bourges et à Reims. La prédominance française s'est fait sentir partout jusqu'en Orient, mais il y a des différences essentielles et c'est plutôt dans les écoles de « Bauhütten » qu'il faudrait chercher l'origine des phases successives du style gothique.

On croit que les travaux commencèrent un an après la bataille et le roi fit don de l'édifice à l'ordre de Saint-Dominique ; 30 ans après, la reine Philippe de Lancastre y fut enterrée, et le roi Jean en 1434 ; il tient la main de la reine et leur haut sarcophage repose sur huit lions, tandis qu'un grand dais orné des écussons de Portugal et d'Angleterre s'élève au-dessus de leurs têtes (1).

Quand j'ai admiré sous toutes ses faces, ce monument unique dans son ensemble, une des merveilles de l'art religieux comme le Mont-Saint-Michel, le monastère de Solesmes, Cologne, Milan, etc... je me demande comment on peut appeler du nom d'obcurantisme le sentiment de foi qui a produit de telles manifestations d'une beauté supérieure à tout ce qu'on tente aujourd'hui! Quand donc les libres penseurs ou les athées créeront-ils quelque chose de comparable à ces poèmes de pierre ou de marbre que sont nos cathédrales ou nos couvents, et comment ne pas voir, par leur stérilité, que tuer la foi, c'est tuer l'idéal dans l'art, comme dans la vie.

De Batalha à Leiria la route descend toujours au milieu d'une exubérance végétale où la lumière du soir joue de ses rayons horizontaux; j'observe que beaucoup de pins magnifiques sont entaillés au pied pour être abattus: quel dommage! Le Portugal va-t-il dilapider ces trésors, dus à la prévoyance du roi Denys, et que nous avons eu le tort de ne pas assez ménager chez nous!

On aperçoit de loin le piton de *Leiria* couronné de ses ruines qui domine la riante petite ville traversée par le Liz; l'hôtel est de second ou de troisième ordre, mais il est propre et bien situé sur la grande place et c'est lui qui fournit les voitures pour excursionner aux environs. De grand matin, je vois passer les ménagères qui vont à la fontaine, toujours pieds nus, remplir leurs cruches aux formes antiques. Escortée par un domestique de l'hôtel,

(1) Extrait de *A Arte e a Natureza em Portugal,* par J. DE VASCONCELLOS.

je fais l'ascension du château du roi Denys qui contient les restes d'une église gothique d'où la vue est charmante sur la petite ville et les collines environnantes. En face s'élèvent l'église de l'Incarnacion et sa Scala santa, qui décore une hauteur.

Puis nous suivons les allées de peupliers plantés au bord du Liz canalisé, et formant un miroir d'eau de plusieurs centaines de mètres où les habitués se livrent aux plaisirs du canotage. Au bout, une fontaine d'eau bouillante qui sort de terre est utilisée pour des bains populaires gratuits.

Je quitte Leiria à midi, par l'omnibus qui dessert la station et j'ai la surprise d'y retrouver mon ami l'inspecteur qui se rend aussi à Alfarellos. Toujours galant il m'offre des journaux français.

Depuis Leiria jusqu'à Alfarellos, ce ne sont que des forêts de pins ; à partir de cet embranchement, on revoit soudain des plaines immenses de maïs et de riz verdoyant séparés par des haies de peupliers, d'ormes ou de saules comme dans nos climats. La chaleur augmente à mesure que la ligne remonte vers le Nord, sans doute parce qu'elle s'éloigne de la mer. Là l'inspecteur prend congé de moi, mais il me remet aux soins d'un collègue qui me fait changer de train à la gare de Coïmbre pour venir à l'hôtel de l'Avenida. Les femmes se précipitent à la gare pour prendre les bagages.

7 Août. — Je viens de prendre un aperçu de *Coïmbre* qui mérite tout à fait sa réputation : cette ville lettrée sur laquelle planent tant de souvenirs, me paraît bien incarner le caractère national portugais ; ses environs sont ravissants. D'abord nous avons côtoyé la rive droite du Mondego, malheureusement à sec comme la Loire, où les lavandières en robe colorée utilisent les moindres filets d'eau avec leur singulière méthode rappelant celle des Hindous qui consiste à se mettre dans l'eau jusqu'aux genoux pour battre leurs pièces de linge contre les rochers.

Nous suivons une allée du parc appelé le *Choupal* qui traverse sur des ponts de bois tous les ruisseaux dérivés du fleuve. La folle poussée des grands roseaux sur leurs bords, les saules exubérants qui se penchent sur l'eau, le fouillis des haies et des buissons parmi lesquels fusent les encalyptus géants, droits comme des colonnes de marbre, les platanes et les bouleaux, me rappellent les arroyos de Cochinchine par leur débordante végétation ! A chaque pont on aperçoit le fleuve par une échappée dans le fourré. C'est une forêt vierge qui doit être un peu fièvreuse comme tous les terrains marécageux. De là, mon cocher me ramène en ville par des rues aux petits pavés, terriblement cahoteuses et nous gravissons les hauteurs de la cité que domine l'hôpital avec sa *Matta*.

Par endroits, de vieux monuments comme recuits au soleil et patinés par les siècles se détachent sur les façades roses ou bleues; ce sont les couvents ou les églises antiques qui font la gloire de Coïmbre,

Ainsi la *Quinta de Santa Cruz*, autrefois attenante à l'abbaye dont le domaine embrassait tout l'espace entre elle et l'église de ce nom, reste seule au milieu d'un quartier tout moderne comme un curieux spécimen de jardin ancien : le jeu de boules des moines se termine par une fontaine avec deux médaillons de faïence ovales représentant la Vierge, et tout encadrés de fleurs. Un peu plus loin les arches vétustes et massives d'un aqueduc servent de portique aux terrasses du Jardin botanique planté des essences les plus rares, qui descendent en s'étageant jusqu'aux rives du Mondego.

Soudain nous débouchons de la ville au sommet du coteau et tombons de suite dans le calme des champs, sans ces transitions de faubourgs si vilaines : c'est le *Penedo da Saudade* littéralement *colline du Souvenir* où Dom Pedro venait rêver à son Inès assassinée ! C'est un sentier bordé d'oliviers au front de la colline sous laquelle se déroule une vallée délicieuse avec une végétation d'oliviers, de lauriers, d'une mélancolique suavité ; une ligne ondulée de montagnes forme un horizon incomparable dans la transparence azurée de l'air et le Mondego fait un détour dans le fond de la vallée. Dans la paix du soir élyséen, où les blanches quintas luisent dans la verdure, il semble que ce soit là le séjour du bonheur...

8 Août. — Fidèle à mes principes féministes, je prends comme cicérone une simple fille du peuple en fichu, châle, et savates traînantes qui, malgré cela, est plus agile que moi à grimper les ruelles escarpées de Coïmbre ! la nuit ne les a pas rafraîchies et elles empestent la sardine frite ! des échoppes invraisemblables, des taudis sombres s'ouvrent sur ces ruelles où toute la populace grouille pieds nus et où gamins et gamines tendent la main dès qu'ils voient mon Bedœker !

Nous commençons par la *Sé Velha*, l'antique basilique romane, la plus parfaite de toute la péninsule, aux toits crénelés en terrasse, au porche profond, aux piliers byzantins qui se se dresse sur une espèce de piédestal. Je cherche en vain dans la première chapelle à distinguer les tableaux noircis des peintres portugais indiqués par le guide, mais le grand autel du seizième siècle dans le style flamand est superbe. Malheureusement, j'oublie d'aller voir le panorama de la cour de l'évêché qu'on dit admirable.

De là, nous montons encore un peu pour arriver à *l'Université* qui domine la ville de son quadrangle, au centre duquel est un jardin ombreux; le gardien nous fait suivre une galerie supérieure qui donne jour dans la somptueuse salle des *Artes*, tendue de courtines cramoisies où le fauteuil doré du roi est placé à côté de celui du recteur et où se célèbrent les soutenances de thèses; puis, vient celle où sont tous les portraits des recteurs, presque tous ecclésiastiques; et enfin, une salle de cours où trois professeurs en robe noire sont en train d'interroger un jeune étudiant au costume clérical; à cause de la fameuse grève du printemps qui a été le point de départ des troubles actuels, les examens ont été retardés et n'ont lieu que maintenant.

C'est à la suite du refus d'admission parfaitement justifié d'un licencié en droit, dont la thèse était brillante mais fortement teintée de socialisme, que le mouvement de révolte des étudiants gagna d'abord toutes les Facultés de Coïmbre, puis les autres villes, et s'étendit de l'enseignement supérieur à l'enseignement secondaire et même primaire.

Les études furent quelque temps suspendues dans tout le royaume, exemple de solidarité qu'il est regrettable de ne pas voir appliqué à une meilleure cause. Jusqu'à ce que la politique vint s'en mêler, l'esprit de l'Université était excellent, et tout en aimant à se délasser par des fêtes un peu turbulentes, la jeunesse se consacrait avec ardeur à ces travaux qui ont rendu la gloire de Coïmbre européenne au seizième siècle, et qui préparent toujours au Portugal la plupart de ses hommes de mérite.

La collation des grades de docteur se fait encore à la chapelle royale avec un cérémonial et une solennité dignes des anciens âges, et les professeurs y font leur profession de foi catholique suivant la formule prescrite par le pape Pie IV en 1564. Ils exercent l'enseignement comme un sacerdoce.

La culture artistique fleurit aussi à Coïmbre dans l'école gratuite où le professeur Goncalves forme depuis 40 ans de remarquables élèves.

Cette population studieuse donne à la ville un cachet particulier, car on rencontre souvent dans les rues des étudiants en uniforme circulant nu-tête suivant l'usage, mais avec un parasol et le manteau sur le bras.

Une galerie extérieure qui longe l'Université nous fait plonger sur la ville, le fleuve, et la campagne environnante où le couvent de Santa Clara allonge ses bâtiments désaffectés à mi-côte, puis on nous fait pénétrer dans la chapelle, exquis réduit tapissé d'azulejos à plusieurs teintes bleues et violacées, et de bois doré, dans le sanctuaire; ce sont là les deux éléments caractéristiques de la décoration portugaise qui se font valoir l'un l'autre par le contraste de leurs tons et de leurs surfaces.

Malheureusement, la bibliothèque n'ouvre qu'à dix heures : il me faudra revenir une demi-heure plus tard pour y pénétrer. J'utilise le temps pour aller à la *Sé Nova* beaucoup moins intéressante que la Sé Velha, mais dont le splendide trésor contient des ornements aux précieuses broderies et une collection de vases sacrés qui offre une histoire à peu près complète de l'orfévrerie portugaise depuis le douzième siècle.

Enfin le bibliothécaire qui parle français consent à me montrer ses trésors; avec ses plafonds peints du style renaissance, ses boiseries dorées du dix-huitième siècle, son beau portrait du Fondateur, ce docte temple a déjà fort grand air ; mais il y a un sanctuaire où sont réunis les plus précieux manuscrits extraits des couvents, des missels enluminés, des incunables ; je regrette de n'avoir pas plus de temps pour admirer toutes ces curiosités que l'obligeance du bibliothécaire met à ma portée.

Comme « l'americano », le seul tramway de Coïmbre, ne marche jamais il me faut encore dégringoler à pied par de véritables escaliers jusqu'à *Santa-Cruz* dont le couvent est converti en mairie; tous les mendiants de la ville sont assis là, devant l'affreux portique détaché qui cache comme un écran le véritable portail renaissance rebâti par Dom Manuel en même temps que l'église; et un cicérone dépêche un gamin à la recherche du concierge qui détient les clefs de l'église, il ne se presse pas et me dit que je puis attendre: « ma tren nao spera, » (mais le train n'attend pas), lui dis-je en portugais.

Il se décide alors à nous ouvrir le ravissant cloître du Silence, dont les arcades, du style manuélin, sont toujours un capricieux mélange de cordages et de branches et de clochetons exubérants; ils encadrent un délicieux fouillis d'arbustes; et de là nous passons dans la chapelle où sont les deux beaux tombeaux sculptés d'Alphonse Henriquez et de son fils Sancho qui étaient frères lais dans le monastère, et dont les corps reçurent ici les honneurs royaux lorsqu'ils furent transférés par Manuel. La chaire en pierre blanche fouillée par Jean de Rouen est un des plus beaux spécimens de la renaissance française, mais le trésor de l'église est le fameux tryptique attribué à Grão Vasco Fernandez comme le tableau de *la Miséricorde* de Porto et le Saint-Pierre-de-Vizeu ; il représente l'*Ecce homo*, *le Calvaire*, et *la Pentecôte* dans le genre de Van Eyck ou de Memling.

La visite des monuments est terminée en deux heures bien employées, mais il me reste le pèlerinage à la *Fonte dos amores*, pour lequel une voiture est nécessaire car la chaleur est devenue intense, torride. La traversée du Mondego demande un quart d'heure à peine, depuis l'hôtel, mais il me faut marcher à peu près autant pour arriver à la *Quinta das Lagrimas*, dont l'allée centrale est bordée de lauriers roses délicieux ; le jardin est fleuri de phlox, de jasmins de Virginie, d'un arbre rose inconnu, aux corolles frisées, et planté de pêchers, d'orangers qui ploient sous les fruits ; mais j'avoue que la fontaine elle-même me cause une déception. C'est un bassin carré, envahi par les herbes et peu entouré d'arbres. A côté, quelques fenêtres gothiques restent seules du temps qui vit la belle Inès tomber sous les coups des assassins et que rappellent quelques vers du Camoëns gravés sur une dalle.

L'ancienne église du couvent de Santa-Clara, tombe en ruines au milieu des sables sur la rive du fleuve.

Mon cocher refusant de faire monter ses chevaux à la chapelle, plus moderne, du nouveau monastère, je renonce à faire l'ascension du raidillon par ce soleil brûlant. Il y a, paraît-il, plusieurs choses curieuses à voir : d'abord le trésor de la sacristie, ensuite une petite tribune au-dessus de l'église, d'où une trappe en s'ouvrant laisse voir un chœur solennel avec des sièges sculptés en rang et au centre sous un baldaquin magnifique, un grand cercueil d'argent repoussé contenant les reliques de la patronne de Coïmbre, sainte Isabelle, la dévouée princesse qui s'entremit entre son époux Denys et leur fils révolté et dont les aumônes se transformèrent en roses devant le roi irrité.

C'est à Coïmbre aussi qu'eut lieu la tragédie de Marie de Telles, qui, ayant réussi à épouser le roi Ferdinand, fit assassiner sa propre sœur par le mari de celle-ci, demi-frère du roi, pour se venger d'elle, sous une fausse accusation et révéla la vérité à la victime et à l'assassin, avant qu'elle expirât ! Celui-ci voulut tuer la traîtresse, mais il fut arrêté, forcé de s'exiler !... Que de drames dans cette ville aujourd'hui si paisible !...

CHAPITRE VII

Porto. — Bom-Jesus. — Braga.

Le rapide qui part de Coïmbre à 1 heure ne met que deux heures à gagner Porto et offre le même confort que la grande ligne de Paris à Lisbonne. L'arrivée à Porto est saisissante; après avoir côtoyé les dunes de si près, que les vagues lèchent la voie, et traversé les gais jardins des villas de la Granja, le train s'engage tout à coup sur un pont aérien, à une hauteur prodigieuse, au-dessus du ravin du Douro, et l'on respire à peine en se voyant suspendu sur cette fragile passerelle au-dessus du fleuve profond, où les barques à la proue recourbée semblent des points blancs.

Je ne puis m'empêcher de penser au récent et terrible accident des Ponts-de-Cé, d'autant plus que le train ralentit sa marche comme si le conducteur craignait d'ébranler le pont !... Enfin, nous sommes passés ! Mais le train fait un grand détour et nous promène dans la boucle du Douro, — à Porto — campagne, avant d'arriver au centre de la ville qui s'étage sur les bords escarpés du fleuve, encore plus à pic qu'à Lisbonne. Elle paraît immense, et déjà fatiguée, je suis saisie d'un peu de découragement à la pensée qu'il va falloir tout visiter en un jour !

Aussi quelle n'est pas ma joie en sortant de dîner, lorsque je trouve au salon, m'attendant, l'aimable et spirituel docteur portugais, ami des d' O. qui, prévenu par eux, était déjà venu deux fois à l'hôtel, savoir si j'étais arrivée ! Je lui confie mon embarras et il s'offre aussitôt à me servir de guide avec une obligeance vraiment charmante. Il paraît que, le soir, tous les gens de Porto vont prendre l'air frais de la mer à Foz, et nous montons dans un tramway bondé de dames en toilette claire, avec quelques cavaliers qui leur font la cour et que m'a nommés le docteur ; il me montre aussi le gouverneur civil qui est en même temps un poète distingué. Nous arrivons dans les jardins du Passéo allègre, où tout ce monde se promène par bandes et nous faisons de même, causant avec beaucoup d'animation, car le docteur parle très bien français et connaît Paris où il a terminé ses études médicales. Il en appréciait les ressources intellectuelles plutôt que les distractions ! Nous parlons naturellement de la situation politique.

Le docteur était républicain, en théorie, à l'Université, mais depuis, en voyant les choses dans leur réalité, il est redevenu monarchiste et franquiste, car le dictateur est, selon lui, le seul homme capable de tirer le pays d'affaire en s'élevant au-dessus des partis et des petits jeux du « rotativisme » auxquels se livraient régénérateurs et progressistes ; il admire autant son intégrité

Vue générale de Porto.

que l'énergie avec laquelle il a supprimé des abus et des sinécures ruineuses pour le trésor, telles que les charges des 70 dames traductrices du Gouvernement qui recevaient 100.000 reis par mois et dont les pensions étaient attribuées aux amies des hommes influents: par contre, il a augmenté le traitement des militaires et des professeurs, et il protège l'agriculture et le commerce dont l'essor pourrait seul remettre de l'ordre dans les finances en permettant de diminuer les droits de douane qui atteignent ici des proportions si invraisemblables qu'ils poussent à la fraude et entravent tous les échanges, puisqu'ils frappent les produits aussi bien à la sortie qu'à l'entrée ; la lingerie paie deux fois sa valeur ! On raconte qu'un monsieur avait fait venir un couple de cochons d'Inde ; pendant que la douane délibérait s'il fallait leur appliquer le tarif sur les animaux domestiques, les prisonniers se multiplièrent si bien que le fisc réclama 200 francs au propriétaire pour leur nourriture et leurs droits d'entrée !

Naturellement, tous ceux qui profitaient des abus sont furieux contre Franco et lui reprochent ses mesures de rigueur, surtout la dissolution du Parlement pourtant bien justifiée par l'impuissance de cette assemblée, et par de nombreux précédents.

Franco s'est montré le plus libéral des chefs de cabinet puisqu'il a laissé parvenir à la Chambre, aux élections dernières, quatre républicains, ce qui ne s'était jamais vu ; il sait s'entourer d'hommes de valeur comme le jeune ministre de la Marine, M. d'Ornellas, qui était un brillant officier d'Etat-major et a servi de second à Musinho d'Albuquerque pour consolider l'empire colonial ; c'est lui qui a eu l'idée de faire entreprendre au prince héritier ce voyage autour de son empire ultra-maritime, considéré comme une heureuse innovation. Il prend des mesures très utiles et très populaires comme ce décret sur le repos dominical en deux articles qui, plus sage et plus simple que le nôtre, assure un jour de repos par semaine en laissant patrons et ouvriers s'entendre entre eux; la promulgation de ce décret a été fêtée ce soir par de nombreux pétards qui m'ont empêchée de dormir. Le docteur, prétend que le banquet offert à Franco était le plus nombreux qu'on eut vu depuis longtemps et que tous les gens de bon sens commencent à se ranger de son côté ; la mort subite de Hintze Ribero l'a débarrassé de son seul concurrent. Quant aux républicains, ils sont quelques douzaines qui crient plus fort que les autres, mais ce régime n'est nullement populaire : suivant le docteur il coûte aussi cher qu'une monarchie et n'en a pas les avantages, la force traditionnelle. Je suis tout à fait de son avis. Que les pays qui ont la chance d'avoir encore une monarchie tâchent de la conserver !...

Il est vrai que, depuis, le consul de France m'a présenté les choses tout à fait sous un autre jour. Suivant lui, beaucoup de Portugais notables sont mécontents et l'ont bien fait voir à Franco lors de sa venue ; il a été hué, couvert de détritus, et il était pâle comme un mort ; d'ailleurs Porto est la tête de l'opposition et jalouse de la capitale. Mais je me méfie un peu de l'opinion des Français qui ont une tendance à juger les autres peuples d'après eux-mêmes, à s'attacher bien plus à la lettre des lois qu'à leur esprit, au mot de liberté qu'à la chose !

La soirée s'avance et le temps fraîchissant, nous rentrons à l'hôtel avec mon programme fait pour le lendemain.

9 août. — Dès 9 heures, je pars pour la *cathédrale* accompagnée par le portier de l'hôtel. C'est un monument imposant par ses proportions et par le granit dont il est bâti, mais gâté par les adjonctions du dix-huitième siècle. A droite et à gauche de la chapelle Mor s'ouvrent deux chapelles, l'une tout en or, l'autre tout en argent, dédiée à Notre-Dame d'Alem dont la statue fut trouvée par des pêcheurs dans leur filet, dit la légende. Ce sont des richesses, un peu barbares, qui depuis longtemps ont disparu de nos temples. Le cloître, aux belles arcades de pierre grise, plus ancien que l'église, est richement revêtu de curieux azuléjos qui représentent les versets illustrés du « Cantique des Cantiques », scènes variées où l'amoureux, en des poses savamment cherchées, admire de loin la bien-aimée dans ses attitudes langoureuses.

Au *palais épiscopal*, tout voisin, mon guide me fait admirer les chapiteaux, en fleurs de granit, délicatement sculptées, et surtout la belle vue à pic sur le Douro, de la galerie vitrée. De ces hauteurs, d'où l'on domine le pittoresque enchevêtrement des constructions de Porto, il me fait descendre par de véritables escaliers dégoûtants, infects, qui me rappellent tout à fait les ruelles de Canton. C'est le quartier de *Ribera*. Toutefois il y a une note caractéristique, très différente, ce sont les innombrables chariots traînés par des bœufs à la robe fauve, aux cornes immenses courbées sous le haut joug peint et sculpté qu'on ne voit qu'ici. Ils sont si doux, qu'un enfant suffit à les conduire. J'ai vu des attelages de quatre menés par une femme ; la rue de San-João en est pleine ;

ils mangent leur maïs à même les rues. Ce sont eux qui font tous les transports (car les chevaux ne servent qu'aux voitures de luxe) et il n'y a vraiment que les bœufs et les femmes qui travaillent à Porto. Celles-ci déchargent les bateaux de charbon et on les voit passer chargées de leurs corbeilles comme une traînée de fourmis ; à midi, elles ont une heure de repos, avalent leur maigre pitance, du pain de maïs et se couchent un instant par terre. Elles gagnent 100 reis par jour pour douze heures de ce rude métier !

Le tramway électrique qui va à Mattosinhos part de la place San Pedro, la principale de Porto, qui est dallée en blanc et noir comme le Rocio et décorée aussi de la statue de l'infant Don Henrique dont le piédestal est trop volumineux pour la figure.

La ligne suit la rive droite du Douro et pendant cinq kilomètres le fleuve défile avec ses barques, ses cargo-boats de petit tonnage, et les fabriques de tout genre qui s'étagent sur ses bords. Le mouvement est intense partout et c'est ce qui frappe le plus l'étranger après la calme beauté de Coïmbre, et l'aspect aristocratique de Lisbonne. Malheureusement le brouillard s'épaissit à mesure que nous approchons de la mer ; c'est à peine si je distingue la langue de sable qui ferme à moitié l'embouchure du fleuve et empêche les gros navires d'y entrer, les barques glissent comme des fantômes sur une onde invisible, et tout le long des plages de Foz et de Mattosinhos, (dont je n'ai pu visiter l'église au crucifix miraculeux). Les rochers du bord et les premières vagues émergent seuls de la brume,

A *Leixoes*, les barques de pêche, qu'on décharge, sont

rassemblées dans une crique et les attelages de bœufs attendent sur le rivage la marée fraîche, mais la digue construite à si grands frais s'enfonce dans une nuée blanche comme de la ouate, et la sirène d'un vaisseau anglais qui va partir mugit, invisible, comme un monstre marin qui menacerait ses victimes. Cet embarquement dans l'invisible, a quelque chose de sinistre et la brume est en effet un des plus grands dangers de ces côtes.

A 3 heures, mes deux obligeants cicerones se retrouvent au salon de l'hôtel et comme ils sont en très bons termes, le consul invite aimablement le docteur à venir dîner avec moi à Foz. Le docteur se charge de me faire visiter la Bourse pour laquelle il s'est procuré un permis. Les salles sont vastes, luxueuses. J'y remarque surtout les magnifiques fresques de Salgado dont j'ai tant aimé les aquarelles à Lisbonne, et j'avoue que la salle des fêtes, soi-disant imitée de l'Alhambra, me laisse froide.

Mais la chapelle des *Franciscains*, au contraire, avec ses voûtes, ses piliers, son rétable du dix-septième siècle figurant *l'arbre* de Jessé aux colonnes torses enguirlandées de pampres et brillant d'un or adouci par le temps, me paraît d'une somptuosité du meilleur goût ; avec le svelte clocher des *Cerigos*, un bijou renaissance, c'est le monument le plus curieux de Porto. La petite chapelle de *Cedofeita* n'a qu'un intérêt historique, d'ailleurs assez grand, puisqu'elle remonte au roi Suève Théodomir qui la fit élever à saint Martin de Tours pour le remercier d'avoir sauvé son fils ; le clocher a un joli porche roman et les chapiteaux sont originaux.

Dans la rue de las Flores où se vendent les grands

cœurs et les croix d'or qui décorent la poitrine des femmes du pays, se trouve à Nossa Senhora-da-Misericordia le célèbre tableau de *la Fontaine de vie* attribué par les uns à Grao Vasco, par les autres à un maître flamand, ce qui prouve l'analogie entre les deux écoles de peinture. Il représente le roi Dom Manuel fondateur de cet établissement de bienfaisance, et sa famille.

A 5 heures, le consul vient me prendre en voiture pour me promener dans les allées du Palais de Cristal d'où les points de vue sur les deux rives du Douro qu'elles surplombent sont merveilleusement encadrés dans la verdure. A cette heure, une buée lumineuse enveloppe ces paysages si bien faits pour tenter le pinceau d'un amateur distingué comme l'est mon aimable guide. Ce sont des tableaux tout faits que ces pans de falaise enguirlandés de vignes, tailladés de routes, animés de fabriques, ce cours du fleuve sillonné de vaisseaux et de nombreuses barques; chose étrange! ce parc splendide aux fourrés épais de camélias est peu fréquenté : on n'y vient que lorsqu'une attraction amène la foule dans l'horrible palais de l'Exposition.

Nous descendons à pic sur les bords du fleuve par une route bordée de carrières de marbre pour reprendre le tramway de Foz dont je puis, cette fois, admirer sans brouillard la jolie plage bordée de rochers, et je vois de loin les digues du port de Leixoes qui plusieurs fois déjà ont été emportées en partie par la tempête.

Aussi trouve-t-on que les navires n'y sont pas en sûreté et qu'il eût mieux valu dépenser les millions qu'elles ont coûtés à élargir l'embouchure du Douro.

Bom Jesus

Bom-Jesus. — Le soleil vient de se coucher dans toute sa gloire, et sur le ciel empourpré qui va se dégradant jusqu'au vert tendre, se dessinent les crêtes ondulées des serras de Portugal, toutes plongées déjà dans la brume. Elles ne se distinguent les unes des autres que par leur valeur plus ou moins atténuée par la distance, et, seule, la première rangée se découpe noire comme de l'encre et laisse apercevoir quelques cimes de pin à son sommet; on dirait des vagues monstrueuses soudain figées dans un cataclysme; c'est à la fois grandiose et mélancolique; d'ailleurs, c'est l'impression qui se dégage en général de ce pays, malgré la variété de ses aspects. De Coïmbre à Porto, les plaines de maïs en fleurs coupées de haies et de canaux, où l'on voyait glisser des voiles, ressemblaient à une Hollande méridionale. — Bom-Jesus me rappelle l'Écosse, sans ses bruyères et ses bois. Du Mont Samiero, au pied du sanctuaire de la Vierge où je monte en voiture par une ombreuse allée, on a une vue très étendue sur un cirque de montagnes qui va jusqu'à Porto et Guimaraes. Les rochers épars sur les mamelons forment le premier plan de ce panorama immense, mais un peu monotone.

Dans la « matta » de l'hôtel on jouit d'échappées délicieuses sur les montagnes en respirant l'arome des eucalyptus et des mimosas, mais la campagne est déserte; du reste on éprouve ce sentiment de solitude sur toutes les hauteurs: pour arriver ici, il a fallu franchir une véritable zone torride, le pays d'Entre Minho et Douro, *paes del vinho* où les pampres envahissent tout, s'enroulent aux troncs d'arbres, dont ils semblent être le feuillage; il faisait si étouffant que je n'ai pas eu le courage de m'arrêter à Braga. Ici, on respire un air pur, mais on ne jouit pas du calme, du moins ce soir, car c'est un de ces jours de fêtes qu'on appelle ici *romarias* moitié religieuses et moitié populaires ; l'église du pèlerinage, dont le style rococo est déjà peu recommandable, célèbre son cinquantenaire et elle a été décorée naturellement avec le mauvais goût le plus criard, les oripeaux les plus rutilants ; tous les autels ont des rideaux tricolores à franges d'or, des fleurs artificielles hideuses, des statues qui sont des poupées affreusement peinturlurées avec des ajustements et des cheveux naturels ! C'est affligeant, mais, hélas, ce n'est pas spécial au Portugal et Huysmans avait bien raison de s'élever contre cette déplorable tendance !

Ce soir, le carillon des cloches est entré en danse, les fusées sont parties répercutant leurs détonations dans les échos des montagnes, mais il n'y a eu aucune cérémonie religieuse. La machine électrique fait entendre sans relâche son sifflet strident et le funiculaire son halètement, qui semble une respiration humaine. Placé au terminus du tramway de Braga, cet ascenseur à crémaillère escalade le coteau et côtoie l'escalier monumental à double révolution qui débute par un majestueux portique; obélisques et fontaines, décorent chaque palier, ainsi que les statues en pierre de personnages du Nouveau Testament dont les singulières silhouettes se profilent dans l'espace mais il y a en outre des chapelles grillées renfermant des scènes de la Passion avec des personnages de grandeur naturelle qui sont d'un réalisme affreux et grotesque. Heureusement, il faut s'approcher pour les voir et l'ensemble de cette *via sacra* par laquelle on accède à l'église est d'un effet grandiose très décoratif au milieu de la verdure et des fleurs...

11 août. — Ce matin à sept heures, de la terrasse de l'hôtel do Elevador, le panorama est tout différent. Braga avec ses blanches maisons, aux toits rouges, s'éclaire au soleil levant dans la plaine fertile, tandis qu'une nappe épaisse de vapeur couvre le pays au delà des premières ondulations et s'étale comme un lac jusqu'aux serras lointaines dont la silhouette se perd dans la nuée; c'est un riant et grandiose tableau au milieu duquel les pèlerins qui arrivent d'en bas par la Via sacra mettent l'animation de leurs costumes variés. Je m'asseois à différents endroits sur les bancs de pierre qui règnent le long du parapet et de la fontaine, afin de mieux jouir sous tous ses aspects de cette extraordinaire architecture qui est comme un balcon sur l'infini.

A la messe de huit heures que j'entends ensuite, les femmes de la campagne sont coiffées de fichus et vêtues de jupons et tabliers multicolores aux tons très vifs, pieds nus pour la plupart, mais les petites bourgeoises sont habillées à la parisienne et nu-tête. Ce qui me paraît singulier, c'est que dans ce costume elles vont prendre place dans les stalles du chœur à la place des hommes absents; cependant quelques paysans à l'air abruti sont agenouillés sur le pavé; la dévotion paraît tout à fait étrangère à l'événement. Ce soir, il y aura un feu d'artifice dont les pièces sont déjà préparées devant l'église qui sera illuminée.

Je regrette de ne pouvoir rester, non à cause de ces festivités, mais parce qu'il fait si bon là-haut! En redescendant à Braga, je retombe dans la fournaise. Un coup d'œil à la cathédrale me la fait voir remplie de femmes agenouillées dont les vêtements colorés égaient la sombre nef aux massifs piliers de granit; le chœur paraît d'autant plus exubérant de sculptures et de dorures : anges, chérubins, musiciens et monstres se coudoient! Dans la chapelle de saint Leu, ouvrant sur un petit cloître roman, se trouvent les deux beaux sarcophages des fondateurs du royaume : le comte Henri de Bourgogne, prince français, et sa femme Thérèse de Léon qui lui apporta le Portugal en dot et qui restaura la cathédrale. Dans la somptueuse chapelle de saint Gérard sont les tombeaux des archevêques de Braga dont l'écusson massif, répété sur nombre d'édifices, montre l'ancienne puissance et le haut rang.

CHAPITRE VIII

Vigo. — Santiago. — Bussaco. — Thomar.

De Braga, un embranchement ramène à la ligne du Minho y Duero qui, depuis *Vianna* suit cette côte profondément découpée formant de véritables fjords, tout bordés d'une verdure intense. L'arrivée à Vigo est un enchantement; la mer forme une succession de lacs, dont le flot vient baigner les maïs en fleurs, ou déferler sous les grands pins. Sur l'autre bord s'élève un amphithéâtre de montagnes, les unes boisées, les autres dénudées : des îles, des villages animent les rives de la lagune qu'on embrasse dans sa longueur en traversant le viaduc de Redondella où elle prend naissance ; des treilles, portées sur des piliers de granit et entremêlées de gros rochers couvrent ses bords ; c'est l'image de la fécondité. Le soir, les rochers qui ferment la baie, laiteux et transparents dans la brume, s'enlèvent sur un ciel rose. Le matin ils se découpent sur un ciel et un lac d'azur. Vigo est bâti en étages sur un des derniers golfes et quelques bateaux dorment dans le port. Cela me rappelle Nagasaki en moins vivant. Débarquant éreintée du train, après une longue journée de chaleur et de poussière, une heure d'arrêt à Valença, une autre à la douane de Tuy, un changement de wagon à Guillarez, je suis peu disposée à me laisser enthousiasmer; cependant, je ne puis m'empêcher de trouver que Vigo est une des belles choses qu'on puisse voir.

Il fait nuit lorsque j'entre dans la ville et soudain, en passant près du jardin, je suis éblouie par des lumières : une foule élégante, composée surtout de dames en toilettes claires, passe et repasse aux sons de la musique. C'est une apparition fugitive et me voici à l'hôtel Continental contre lequel on avait eu raison de me mettre en garde, mais c'est là que m'attend mon courrier.

12 août. — Après une nuit pénible, je suis réveillée par un jacassement bruyant, sous mes fenêtres; du balcon je vois sur le quai une foule de femmes en fichus et jupons éclatants qui viennent du marché, les unes apportent sur leur tête, les autres vendent des corbeilles pleines de choux énormes, de tomates, de pêches et de poires. C'est un cinématographe vivant avec le bassin bleu et la montagne comme fond.

A 11 heures, j'arrive à *Pontevedra*, où m'attend une première déception : 2 heures d'arrêt ! le train ne marche pas, les lundis et vendredis.

Comme il fait une chaleur suffocante, je vais me mettre à l'abri et déjeuner à l'hôtel. Le train pour Santiago finit par s'ébranler avec une demi-heure de retard, un bon cheval irait plus vite !

Ceux qui se plaignent des chemins de fer portugais n'ont qu'à venir en Espagne ! Là, l'horaire devient tout à fait fantaisiste, le train part quand tout est prêt, trois quarts d'heure de retard sont bien peu de chose, la vitesse moyenne est de vingt kilomètres à l'heure ; personne ne connaît les heures de départ pour le Portugal. J'ai révolutionné Santiago, parce que je voulais savoir comment revenir à Porto ! Du reste, je partais de Pontevedra en compagnie d'une bande d'Espagnols qui étaient les premiers à plaisanter là-dessus, et à se plaindre de leurs « correos » Il y avait le Commandant de gendarmerie, beau parleur, avec un type à la Don Quichotte, un politicien à barbiche rousse qui devait être un peu socialiste, un père avec sa fille, assez jolie personne, et fort coquette. C'était assez amusant de les entendre causer, car leur mimique animée permettait de saisir le sens de la conversation.

A la sortie de Pontevedra, le train traverse la rivière dans laquelle se mire la cathédrale avec ses jolies tours renaissance. Puis, vient le port de *Carril* dont le bassin étincelle au soleil et s'étend jusqu'à *Catoire* ; là des ruines se dressent sur un promontoire auquel se termine la lagune, dans un encadrement alpestre ; pour la première fois, voici des prés et des saules, auxquels succèdent des rochers, parmi lesquels les bruyères et les ajoncs mettent leur note d'or et de pourpre ; l'Ulla, qu'un pont roman enjambe, et qui porte des bateaux à voiles, coule à pleins bords dans une petite vallée semée de bouquets d'arbres, de villages, dont les églises anciennes sont du style roman. La montagne rouge et nue qui nous sépare de la mer se profile toujours sur la gauche, presque noyée dans un nuage poussiéreux.

Aux stations, les femmes viennent offrir les fruits

qu'elles portent sur le dos dans des hottes : on crie le *Blanco negro*, journal humorisque en vogue... le train fait des pauses de plus en plus prolongées...

Arriverai-je à temps pour voir *Santiago* ce soir ?..... Quelle joie quand j'aperçois enfin les tours gigantesques de la cathédrale qui dominent tous les environs ! Notre entrée en ville ne manque pas de couleur locale ; c'est dans un char-à-bancs traîné par six mules rétives, aux cris stridents du conducteur, que nous gravissons les rues dallées où nous manquons plusieurs fois de verser. Je me demandais si Santiago vaudrait la peine et la fatigue qu'il me coûte ? en y pénétrant, je suis rassurée : ce n'est pas seulement l'immense basilique qui est un des restes les plus imposants des siècles passés : c'est la ville tout entière qui est restée telle qu'au moyen âge, et dans toute l'Espagne, il serait difficile d'en trouver une plus intéressante ; sans compter ses quarante-six édifices religieux, on rencontre à chaque pas des maisons ornées d'écussons, des fenêtres sculptées, des portails voûtés qui ont un cachet inimitable.

A 6 heures, je pars de la Fonda Suiza, guidée par le portier, en suivant des rues bordées d'antiques arcades, pour la plaza Alfonso où se dresse le colosse ; la lumière du soir qui dore la vieille pierre et en fait saillir les reliefs, la rend encore plus belle. Nous entrons par la porte de Platerias, aux arcades romanes, à côté de laquelle s'élève la tour carrée si imposante de la Trinidad avec ses contreforts, et nous nous trouvons au milieu du transept : à gauche, les stalles du chœur qui malheureusement bouchent la vue sont reliées par deux grilles de cuivre, à droite s'ouvre la Capilla Major.

Dans l'étincellement des cuivres, des argents, des ors et des lumières, on ne distingue pas de suite la statue de saint Jacques de grandeur naturelle, qui trône sur l'autel; une auréole en cuivre doré s'étale derrière sa tête; des anges colossaux soutiennent le dais du style churrigueresque; l'autel tout seul a employé 500 kilogrammes d'argent : des colonnes torses, en bois doré, autour desquelles s'enroulent des pampres et des grappes de raisin, forment le porche de la chapelle qui me rappelle un peu trop certains temples hindous : toutefois on ne peut nier l'effet éblouissant de l'ensemble, avec les colossales lampes dorées qui brûlent dans le sanctuaire vénéré aux portes d'argent, et ses deux chaires en bronze repoussé.

Mais combien plus artistique et plus beau est le *Portico da gloria*, triple porche surchargé de statues et d'ornements qui décore toute l'entrée de la grande nef! Ce chef-d'œuvre du douzième siècle, dû au maître Mateo qui ne mit que vingt ans à le terminer est comparable aux Saints de Solesmes. Les figures légèrement teintées sont d'une naïveté d'expression très intéressante et en même temps pleines de vie. Il y a une infinité de sujets.

La chapelle romane de la Corticela paraît un peu nue après cela; mais le cloître avec ses beaux piliers aux contreforts gothiques, orné sur les murailles de dessins renaissance, et aux quatre angles, de tours toutes variées est un des plus remarquables de l'Espagne; dans un des angles se trouve l'entrée de la salle capitulaire tendue de superbes tapisseries du quatorzième siècle, et contenant le trône épiscopal; un énorme encensoir d'argent dans son écrin de 2 mètres de haut est mis en branle au moyen d'une machine suspendue à la coupole.

En sortant par la porte si finement sculptée de la Azabacheria, on se trouve en face du séminaire dont les proportions sont grandioses ; c'est l'ancien couvent de saint Martin, dont la statue équestre occupe le faîte de l'édifice, tandis qu'un écusson en haut-relief, en décore la façade ; on traverse un passage voûté pour arriver devant le portail principal de la cathédrale, dit del Obradoiro surchargé d'ornements dans le style baroque ; il ne s'ouvre que pour les souverains et les plus hauts dignitaires de l'église et c'est sur son escalier à quatre rampes que se déroulent les processions. Il est accompagné de deux tours aux bases romanes, et à droite se trouve le bâtiment de la salle capitulaire aux murs pleins, couronnés par une charmante petite galerie à jour qui est celle de la bibliothèque.

Les deux autres côtés de la plaza Alfonso XII sont formés par l'Hospital real, imposant monument du seizième siècle aux cours en arcades renaissance où je vois circuler avec plaisir les coiffes de quelques bonnes sœurs et par le palacio Consistorial, appartenant aux archevêques, dont la municipalité s'est emparée et a fait blanchir les fameux bas-reliefs du fronton, représentant la bataille de Clavijo, de façon à lui donner l'aspect tout neuf. En revanche, au coin de la place, le Colegio de San-Jeronimo, transformé en école normale a conservé intact son délicieux portail archaïque du quinzième siècle. Pour achever le tour de la prodigieuse cathédrale, il faut longer la muraille extérieure du cloître qui s'élève aveugle et massive comme une forteresse flanquée de ses quatre tours.

Je rentre à l'hôtel par les ruelles aux larges dalles,

Cathédrale de Santiago.

plongée dans l'admiration de ce que savaient faire nos ancêtres dans la foi! Pourquoi l'art est-il maintenant si mal inspiré qu'il ne sache plus construire que des édifices sans grandeur et sans grâce! Quand on compare l'église du Rosaire à Lourdes, à tous les sanctuaires de pèlerinage anciens que je viens de visiter, on est frappé de la décadence...

Quel que soit l'intérêt de Santiago, il me faut songer à le quitter, car la Fonda Suiza, acceptable pour une nuit, ne convient pas pour un séjour : le plan logique serait d'achever le tour de la péninsule en filant sur la Corogne par l'automobile qui fait le service régulier d'ici en quatre heures ; là, on rejoint le rapide qui de Monforte gagne Léon, Santander, Bilbao, et traverse les pittoresques montagnes cantabriques — mais il me faudrait renoncer à voir Bussaco, Thomar et la ligne du Douro ! — je préfère donc revenir sur mes pas.

13 août. — Bien qu'aucun des indicateurs les plus complets n'indique la correspondance des trains espagnols et portugais, je pars à 7 heures du matin au risque de me trouver arrêtée à la frontière, et mon audace est récompensée ! La « combinazione » existe avec un arrêt de deux heures, soi-disant pour passer la douane, à *Valença*; heureusement le buffet nous offre un refuge, car la chaleur est accablante.

Me voici donc dans ce train qu'on m'assurait hier ne plus exister! on dirait que les compagnies de ces pays voisins cherchent à se jouer des tours sur le dos des voyageurs! D'ailleurs comme on sent bien l'antipathie entre les deux races : le Portugais fier, silencieux, un peu timide, l'Espagnol suffisant, bavard, plein de jactance. La

Semana illustrada qui reproduit le bombardement de Casabianca par nos vaisseaux, remarque assez aigrement que cette ville était une de celles soumises à l'influence espagnole.

Le Minho, qui sert de frontière entre ses riverains déroule son cours au milieu des maïs en fleurs. A *Caminha*, il s'élargit de façon à porter des bateaux; la ligne le franchit sur un pont en fer plus solide heureusement que ceux de l'État français...

Soudain une brise délicieuse me frappe au visage, venant de la pleine mer que nous côtoyons; la plaine liquide, sous les rayons ardents, semble de l'argent en fusion, la grève très basse, bordée de rochers noirs, s'ourle d'écume et les maïs en fleur se penchent sur l'eau. Maïs, pins, vigne, ces trois mots reviennent sans cesse sous ma plume, puisque ce sont les essences dominantes en cette région.

Un petit port s'arrondit fermé par une pointe de rocher. Des barques et des chars à bœufs voisinent sur la plage, puis de nouveau les dunes et les pins nous cachent la mer.

Vianna do Castello. — Voici deux charmantes petites filles en costume du pays, bas blancs et babouches noires, jupe de drap rouge plissée autour des hanches et rayée de broderies jaunes, vertes, bleues; ceinture blanche brodée d'or; fichu rouge sur la tête; c'est le plus caractéristique de tout le Portugal et on le rencontre rarement.

Voici également une jeune et jolie châtelaine des environs aux bandeaux noirs, au nez fin, à la taille élégante et svelte, habillée avec goût; en général la race est plus belle et plus robuste dans le Nord que dans le Midi.

Nous traversons la Lima, large comme un bras de mer, et la ville blanche aux toits de briques, s'étage sur un fond de montagnes bleuâtres au milieu des bois de pins qui les revêtent jusqu'à mi-hauteur de leur sombre fourrure.

Durraes, 4 heures. — Les vignes ne sont pas plantées comme en France ; elles forment des allées en berceaux au milieu des champs ; les arbres, des ormeaux, sont tout enguirlandés de pampres et dans cette verdure moutonnante, qui envahit tout et suit les mouvements du terrain très accidenté, de petites églises, passées à la chaux, éclatent de blancheur, nichées à mi-côte. Les oliviers, les arbres à fruits reparaissent à mesure que nous approchons de Porto...

14 août. — J'y retrouve aussi le brouillard qui enveloppe la ville. Le train nous emmène d'abord à Porto-Campagne et me fait revoir ce coude brusque et superbe que forme le Douro en amont ; la nappe d'eau bleue que nous surplombons, brille à travers les arbres magnifiques qui couvrent le flanc de la montagne, et s'infléchissant à l'est, disparaît entre ses rives verdoyantes — Puis nous traversons une succession de tunnels taillés dans le roc et prenons le chemin du pont Maria-Pia sur lequel le train ralentit sa marche. Un petit frisson vous passe dans le dos en voyant à 60 mètres au-dessous, le fleuve rouler ses eaux profondes encaissées entre des berges à pic ; cinq ou six rangées de maisons, entremêlées de verdure les escaladent ; à droite, à gauche ce sont des fabriques et des vignes en terrasses superposées.

Le Pont Luiz encadre de son arche si hardie et si élégante le cours du fleuve qui descend vers la mer. C'est un superbe tableau qui disparaît trop vite : nouveau tunnel, puis, quelques instants après, on revoit toute la ville étalant son panorama sur la rive droite, ses constructions colorées, et, derrière soi, le coin du pont, vu de profil.

Combien ce train qui marche à l'égal de nos meilleurs rapides et avec une très faible trépidation, nous change délicieusement des « correos » ! On est heureux d'y reconnaître une main française qui dirige la Compagnie royale.

Malheureusement le brouillard épais cache la mer et ne laisse apercevoir que la ligne sablonneuse des dunes plantées de pins.

La Granja. — Une rangée de coquettes villas enfoncées dans la verdure borde la plage ; puis les dunes recommencent ; on ne voit que les dernières vagues qui se brisent sur le rivage.

Espinho ne possède aucun ombrage et toutes les villas sans jardin se touchent. Je ne comprends guère le charme de ces plages si réputées. A côté du grand hôtel de Bragance, de pauvres cabanes de pêcheurs, devant lesquelles des enfants nus se roulent sur la plage entre les barques tirées au sec.

Aveiro — A perte de vue, des plaines de maïs en fleurs, puis des rizières d'émeraude entrecoupées de canaux où circulent quelques voiles, et des tas de sel blanc au bord de la lagune.

15 août. — En arrivant hier soir en voiture, de Pampilhosa à *Bussaco*, j'ai ressenti la même impression d'allègement déjà éprouvée à plusieurs reprises, par exemple en montant de Colombo à Nueira-Elya, de Delhi au Mont-Abou, et l'autre jour encore, de Braga à Bom-Jesus.

C'est délicieux d'émerger peu à peu hors des effluves brûlantes que le sol rougeâtre et calciné renvoie au ciel embrasé, dans la plaine, pour arriver sur les sommets où règne une température toujours fraîche, à l'ombre des cèdres plusieurs fois séculaires, qui ne laissent pas pénétrer les rayons du soleil.

Après avoir traversé Luzo baigné de chaleur, et franchi la porte de la Matta, on se trouve à l'abri de cette forêt sacrée que les évêques de Coïmbre et le Saint-Père ont protégée de leurs bulles pour la transmettre intacte à leurs ingrats descendants. Le Couvent, dont les moines ont été chassés en 1834, est resté enclavé dans l'hôtel et on passe d'abord devant son porche aux trois arcades basses, revêtu d'une singulière mosaïque de pierres noires et blanches qui forment des dessins symboliques. Il est dominé de haut par la grande tour en style manuélin surmontée de la sphère armillaire qui s'élance comme un minaret au-dessus du palais : ce terme est le seul qui convienne pour désigner cet hôtel bâti en principe, par le gouvernement portugais, pour servir à la famille royale, sur une échelle grandiose et offrant aux visiteurs un sanatorium idéal ; un cloître, imité de celui de Belem, règne au-dessus de la terrasse, entourant les salons ; une seconde et une troisième plates-formes bordées de créneaux forment promenoir aux premier et deuxième étages ; de la deuxième, sur laquelle donne la porte-fenêtre de ma chambre, la vue embrasse, par-dessus les masses de verdure de la forêt, plusieurs rangées de montagnes fauves, tachetées de pins, puis une plaine immense à demie noyée dans la brume qui laisse deviner cependant à l'horizon une ligne de dunes blanches bordant la côte... Le panorama est superbe, quoique moins étendu et moins riant que celui de Bom-Jésus mais Bussaco a des promenades plus variées et plus belles.

La cage de l'escalier monumental éclairée par une immense baie ogivale, est revêtue d'azulejos modernes qui racontent l'histoire du Portugal. Ils sont fort beaux, bien qu'inférieurs aux anciens, à cause de leurs teintes bleues trop épaisses ; le salon, ou plutôt la galerie des fêtes avec sa cheminée artistique de style gothique en pierre blanche, son plafond de bois sculpté aux caissons rehaussés d'or est peinte entièrement de fresques représentant la forêt ; sur le fond de verdure, des personnages en costumes renaissance forment une décoration aux teintes douces et harmonieuses. Dans la salle à manger, ce sont les principaux épisodes des Lusiades qui forment aux murs des toiles transparentes illustrant les gloires nationales: la loggia qui donne jour au centre est sculptée comme une dentelle dans le style manuélin, de même que les baies du vaste vestibule d'entrée.

Ce matin, jour de l'Assomption, la messe était dite à 9 heures dans la pauvre petite chapelle de l'ancien couvent ; et la population fruste des montagnes se pressait à l'office ; elle a conservé une grande vénération pour les lieux consacrés par le souvenir des bienfaits des moines. Quel contraste entre cette humble demeure et les splendeurs du palais voisin ! De même, le jeu de golf a remplacé la Via Sacra. — Un vieux cloître aux arcades trapues et sombre règne autour de la chapelle et les portes des cellules qui donnaient dessus ont conservé leurs plaques de liège comme aux Capuchos de Cintra. C'est

Hôtel de Bussaco.

là que les moines donnèrent l'hospitalité à Wellington et à son état-major la veille de la bataille, mais ils furent mal récompensés de leur zèle, car le linge, les flambeaux, les vivres, tout disparut; le couvent ne fut jamais remboursé ; il ne lui resta que les blessés à soigner qui furent recueillis dans la petite chapelle de la Bataille, et, ajoute un moine du temps dans sa chronique, « Les Anglais se sont conduits aussi mal ou pire que les Français. »

Mais que sont devenus les austères habitants de ces cellules ?... N'est-il pas honteux et révoltant de voir chasser et dépouiller comme de vulgaires malfaiteurs ces congrégations qui ont créé ou conservé aux générations suivantes des trésors inestimables de science et d'art.

Cependant combien peu de gens s'émeuvent de cette spoliation ! Le Portugal est plein de couvents splendides désaffectés qui servent de casernes, d'hôpitaux, de palais. La France, elle aussi, a vu violer tous les principes de la justice et de l'équité par le Parlement, et les liquidateurs qui seront les seuls à s'engraisser des dépouilles de leurs victimes, et, chose inouïe, le sentiment public n'a pas forcé à rapporter ces lois iniques !...

J'ai hâte de connaître ces bois mystérieux qui exercent sur moi une si vive attraction, et, m'enfonçant, au hasard dans un sentier qui commence par un escalier d'une vingtaine de marches, j'arrive devant la fontaine de Carregal où une jeune fille du pays m'offre un gobelet de cette eau très pure ; puis une allée marquée par des grottes qui étaient les stations d'un chemin de croix, et le long de laquelle s'élèvent du milieu des lauriers, de vieux chênes magnifiques, m'amène à l'Ermida de San-José sous un cèdre colossal ; c'est quelques pas plus loin, de la porte de Coïmbre que part la fameuse allée dite *Avenida dos Cedros* qui revient vers l'hôtel.

Les cèdres, droits comme des colonnes, mesurent au moins 20 mètres de hauteur, sous les branches, et c'est seulement au sommet que leur tête verdoyante se déploie en parasol. On les a comparés aux arbres du Liban : pour moi, ils rappellent les colosses de Nara et et je retrouve ici, comme au Japon, le sentiment de vénération que m'inspirent les bois sacrés qui ont vu naître et mourir tant de générations ; il y a probablement dans mes veines quelques gouttes de sang druidique ; d'ailleurs, que d'analogies entre les peuples les plus éloignés, les religions les plus différentes ! Au lieu des lanternes de pierre précédant les temples bouddhiques, je trouve ici les ermitages et les fontaines, qui marquent les stations de la Via Sacra construite par les moines ; ce qui est partout semblable, c'est que, seul, le sentiment religieux est assez puissant pour enfanter les plus grands chefs-d'œuvres dans tous les pays et dans tous les temps. Or, c'est celui qu'on s'acharne à détruire dans notre siècle de lumière au nom du progrès !

16 août. — Hier, après-midi, munie du petit guide intitulé, *Bussaco et ses environs*, je me suis dirigée vers la *Fonte Fria* par un sentier qui descend du couvent en faisant des lacets, à travers les sous-bois épais d'arbustes de toutes sortes : myrtes, lauriers, mimosas, camélias qui tapissent la montagne à l'ombre des géants végétaux; il y a des variétés infinies d'essences, cèdres, chênes, platanes, eucalyptus, dont plusieurs, paraît-il, ne se trouvent qu'ici, ayant été rapportées par les navigateurs des pays exotiques et envoyées par les autres couvents de tous les points du monde ; le lierre, les fougères, la mousse couvrent le sol auquel, sous cette double et triple voûte de branchages entrelacés, ne parviennent pas les rayons ardents du soleil. Après avoir erré quelque peu dans ces sentiers poétiques où toujours quelque ermitage drapé de lierre, ou quelque chapelle, avec son inscription latine, vous remet dans la bonne voie, je suis arrivée au bassin d'eau vive, symbole de la fontaine mystérieuse de la grâce, jaillissant d'une grotte de mosaïque et ombragé de grands arbres, d'où part *la Scala Santa* ; le long d'une série d'escaliers en pente douce, accolés à la montagne et séparés par onze paliers, l'eau glacée de la source, coule en suivant les degrés et forme entre chaque plate-forme des cascades rocheuses ; des vases, des fougères, des roseaux décorent ces cascatelles perdues sous le feuillage, et cette gigantesque *Via Sacra*, imitée de celle de Jérusalem, se déroule à travers la « matta » jusqu'à la *Cruz Alta* qui en forme le point culminant et domine un incomparable panorama. Si j'en avais la force j'aimerais à la suivre dans tout son parcours, comme le font encore de nombreux pèlerins, car le portier de l'hôtel me disait qu'on en voyait tous les jours.

Au soleil couchant, je monte sur ma terrasse pour admirer le tableau grandiose dont le premier plan est formé par les masses épaisses de verdure des chênes et des cèdres, qui se découpent en vigueur sur les montagnes et la plaine voilées de brume tandis que le globe de feu embrase l'horizon. Je vais souvent m'asseoir à l'Ermitage de San Antonio, mon site préféré jusqu'ici. On y parvient par une allée ombragée, feutrée de mousse, qui assourdit les pas, et propice à la méditation ; puis soudain, s'ouvre un horizon immense ; comme une carte en relief, la plaine se déroule à l'infini diversement teintée ; les renflements, marqués par leurs forêts de pins, forment comme des îlots sombres ; les vallonnements, des taches vert clair avec leur moissons de maïs, tout cela baignant dans une lumière enveloppante et sereine, une brume diaphane ; le calme de l'atmosphère est absolu, on n'entend aucun bruit ; aucun souffle n'agite les couronnes des cèdres qui voilent de leur immuable verdure les contreforts de la montagne de Bussaco descendant brusquement vers Suso, dont les coquettes maisons blanches et rouges égaient le premier plan. C'est vaste comme la mer, mais paisible et radieux comme le ciel.

On peut errer pendant des heures dans cette forêt enchantée sans repasser par le même chemin. Toujours au détour d'une allée s'en présente une autre plus attirante et plus bocageuse, où le promeneur peut poursuivre sa rêverie solitaire ; des taches de lumière glissant sous les feuillages y ménagent des effets charmants ; des rayons du soleil couchant, éclairant le sommet dénudé des cèdres gigantesques, modèlent leur ossature en relief.

17 août. — Ce matin, appelant un ânier, je pars pour la *Crúz Alta*, le point culminant de la Via sacra. Il fait déjà chaud quoiqu'il soit à peine 9 heures et demie ; José, l'ânier, marche à côté de moi, stimulant Jéricho, et cherche à m'apitoyer, en me disant qu'il gagne peu de chose, pas même de quoi acheter des souliers ! « Peut-être, lui dis-je, mais les hommes ne travaillent pas en Portugal, ce sont les femmes qui font tout, même dès l'enfance. Hier, j'ai vu une petite fille de dix ans qui apportait sur sa tête de grands arrosoirs pleins d'eau à son père et celui-ci la laissait faire tranquillement, les mains libres et se contentait de temps en temps de déverser les arrosoirs sur la chaussée. En France, cela paraîtrait révoltant ». Mais mon Portugais rit et trouve cela tout naturel.

Nous suivons la route de voiture qui monte insensiblement jusqu'au faîte de la montagne, en passant devant le terrain du golf. Là, une croix de pierre est érigée sur un socle de quelques marches, dominant et embrassant un immense tour d'horizon ; c'est Coïmbre dont je distingue les maisons, avec Santa Clara et la vallée du Mondego d'un vert tendre, la Serra d'Estrella tranparente et montant haut dans le ciel ; à nos pieds : Pampilhosa, Luzo, Anadeo, semés comme des points dans l'immense plaine ; puis le mont fauve et nu de Caramullo qui a bu tant de sang français ; et enfin, directement sous notre belvédère, les bâtiments de l'hôtel se détachant sur les épaisses frondaisons de la Matta; on en a fait d'ailleurs une carte postale des plus réussies. Un peu plus bas, du Saint-Sépulcre et du Calvaire, la même vue se répète, rapprochée et un peu rétrécie, mais on ne se lasse pas de la contempler. Ma monture, inutile pour descendre, trotte maintenant, allégée, dégringolant allègrement les escaliers, mais un mot de l'ânier suffit à modérer son élan vers l'écurie.

Prenant une contre-allée qui forme comme un tunnel de feuillage, nous nous dirigeons vers le champ de bataille de Bussaco, hors des murs. En voyant l'âpre montée que les Français eurent à gravir sous le feu de l'ennemi, on comprend qu'il leur était impossible d'emporter la position inexpugnable...; on regrette tant de vies sacrifiées inutilement. Une pyramide et une chapelle gardées militairement, consacrent l'emplacement de ce fait d'armes qui remonte déjà à un siècle ! Que de comparaisons mélancoliques on pourrait faire entre cette époque où nos armées volaient de victoire en victoire, où leurs défaites même étaient glorieuses et la situation actuelle de nos forces militaires ! C'est à peine si nous sommes en état de tenir en respect les Marocains qui se jouent de nous et si nous avions affaire à des adversaires égaux, quel serait le résultat probable ?...

Si les Portugais avaient le choix aujourd'hui, je crois qu'ils aimeraient mieux avoir subi notre domination que celle des Anglais dont l'alliance leur a coûté récemment une partie de leurs colonies africaines, ce qui a vivement froissé le sentiment national et causé la désaffection actuelle vis-à-vis du gouvernement.

Hier soir, une animation inusitée égayait la sombre et silencieuse « Matta » ; c'étaient des cavalcades de jeunes gens à âne, des voiturées de promeneurs, les femmes toutes têtes nues ; au-dessus de la fontaine Silvestre, près de laquelle j'étais venue chercher un peu de fraîcheur, une famille s'était installée pour dîner dehors au milieu des rocailles enguirlandées de verdure, au bruit des cascatelles. Et c'était une scène digne du pinceau de Watteau que ces femmes en costume coloré soupant et riant au milieu des feuillages. Un peu plus loin, j'étais attirée par un grand bruit de voix et de gaieté ; là, le pique-nique avait lieu au milieu des ruines d'une chapelle, dans un coin particulièrement ancien de la forêt où les arbres tombant de vieillesse, s'enchevêtraient les uns dans les autres et même abattus à terre poussaient encore des rejetons vigoureux sur des rochers mousseux tapissés de fougères, et de loin en loin un arbre géant, chêne ou cèdre, perçant la futaie, étalait, épanouie en plein ciel sa couronne d'épaisse verdure. La bande était nombreuse et joyeuse ; après le festin, les verres s'entrechoquaient, chacun prenait à son tour la parole, pour porter un toast sans doute, et les bravos retentissaient. Pendant plus d'une heure j'ai entendu les joyeux échos de ces vivats !

18 août. — Hier soir, les brouillards venant de la mer nous avaient envahis, et l'effet était étrange, du clair de lune brillant sur ces ondes molles qui nous cachaient même les premiers massifs d'arbres. On se serait cru en Suisse, sur un pic élevé. Ce matin à 7 heures, tout était encore dans le nuage, et, rien n'était plus joli que le moment où peu à peu les diaphanes mousselines se repliant vers la côte, ont laissé de nouveau réapparaître les frondaisons qui couronnent l'éperon de la montagne en face de nous ; les lointains sont restés tout le jour vaporeux et l'air rafraîchi. J'avais pris un jeune guide pour me conduire à la Vallée des fougères (*Valle dos fetos*) qui forme la suite de la Fonte-Fria ; le cours d'eau qui s'en échappe resserré dans un étroit ravin y fait pousser toute une flore aquatique, sauvage et débordante, au milieu de laquelle, de distance en distance, les fougères-arbres ouvrent leur parasol délicat : c'est, comme le dit le guide, un coin tropical, car des lianes aussi escaladent les branches et l'épaisseur des fourrés ; cela va jusqu'à la porte de Lapas.

**

20 août. —Mon voyage se termine par la visite de *Thomar* qui est peut-être le monument le plus grandiose et le plus caractéristique du Portugal, puisqu'il renferme un spécimen de tous les styles qui s'y sont succédé et des souvenirs historiques de toutes les époques, mais c'est peut-être aussi, la journée la plus rude que j'aie eue à supporter.

Levée à cinq heures pour terminer mes paquets, je partais à huit heures de l'hôtel, en voiture, pour Luzo et la descente à travers les bois où régnait encore une certaine fraîcheur était délicieuse, mais, à partir de Luzo, petite ville d'eau toute neuve, avec de jolies « quintas », la chaleur devenait suffocante. On ne met que vingt minutes pour aller en chemin de fer de Luzo à Pampilhosa, mais là il faut attendre deux heures au buffet bruyant et mal tenu. De Pampilhosa à Payalvo, on traverse la partie la plus fertile du Portugal, malheureusement il y a une poussière atroce. J'admire encore une fois au passage Coïmbre et Pombal, dont la forteresse en ruines couronne les hauteurs...

Midi 45. — Enfin, voici *Payalvo* : je me précipite pour descendre, mais on a tout son temps, n'en déplaise au chef de gare de Pampilhosa qui avait voulu me dissimuler l'arrêt du train rapide pour m'obliger à prendre le « correo ».

Des voitures attendent les voyageurs pour Thomar. Je monte dans une vieille victoria qui sonne la ferraille, attelée de deux mules et nous partons ! Hélas ! je suis

Chevet de l'église du Christ à Thomar.

bien vite fixée sur le genre de supplice que je vais endurer pendant sept kilomètres !

La route, sous l'épaisse couche de poussière qui la recouvre, n'est que monts et vallées creusées par les charrois; ce sont des cahots, un roulis affreux dans ce véhicule dont les ressorts n'existent plus! Je suis forcée de prier le cocher de mettre son attelage au pas pour éviter les secousses qui me disloquent.

L'air semble sortir de la gueule d'un four, les arbres, figuiers, oliviers, aloès, les champs sont blancs de poussière accumulée, le ciel est presque noir, la chaleur est féroce, je me crois plutôt en Afrique qu'en Europe. N'ayant pris depuis le matin que du thé et des œufs à la coque, je suis exténuée en arrivant à l'hôtel Uniao vers deux heures et je n'ai plus qu'un désir : trouver un peu de fraîcheur et de repos !

Quelle n'est pas mon agréable surprise de tomber dans cette petite ville, sur un hôtelier qui semble plutôt un hidalgo qu'un aubergiste ordinaire ! Correctement habillé d'une redingote, il semble surtout préoccupé de faire goûter aux touristes les charmes de sa bonne ville de Thomar, et d'en corriger par son hospitalité les fatigues et les lacunes : parlant bien notre langue, il semble ravi de recevoir une Française, ce qui ne lui est pas arrivé depuis le passage de M. Monmarqué dont il a conservé la carte avec quelques mots flatteurs.

Une chambre fraîche et propre, éclairée à l'électricité, comme tout l'hôtel, m'offre son asile, une tasse de lait bien froid me semble un vrai nectar; enfin quand, vers quatre heures, l'ardeur du soleil est un peu abattue, il me conduit lui-même à l'église San-João qu'il fait ouvrir, en mon honneur. En la visitant, il me parle des tristes événements religieux de France au moment des inventaires : « Les prêtres et les dames ont été très braves ! ils n'ont pas reculé devant les pompes ! » A l'Impresa de Viaçao, il commande une confortable calèche pour me monter au couvent qui domine Thomar de sa masse imposante : l'allée de voiture tourne tout autour du monticule tandis qu'à pied, il faut grimper par un raidillon fort escarpé.

Le comte de Thomar, qui a racheté ce monument historique à l'État et l'a préservé de la ruine, l'habite une grande partie de l'année. La vue est jolie sur la vallée du Nabao qui marque le passage de ses eaux vertes par une traînée de végétation luxuriante et sur les collines semées d'oliviers dont quelques-unes s'estompent en teintes bleuâtres à l'horizon ; l'église ancienne des Templiers, Santa-Maria-do-Olival, s'élève dans un faubourg au bord de l'eau et celle de Nossa-Senhora-da-Redade sur le sommet d'une colline qu'escalade, éclatante de blancheur, une nouvelle Scala-Santa de deux cents cinquante-cinq marches.

En même temps que moi, quatre automobilistes de taille colossale se disposent à visiter le couvent dont le gardien ne nous fera grâce de rien. Pour entrer dans la cour intérieure on franchit l'enceinte crénelée de l'ancien château des Templiers encore fièrement tracée sur la colline dont le donjon intact se voit de très loin, puis on monte par un bel escalier jusqu'à la grande plate-forme. La porte manuéline de l'église des Chevaliers du Christ, par laquelle nous entrons, est d'une grande beauté, mais d'un style déjà connu de moi, tandis que, malgré toutes les descriptions, je ne m'étais pas fait une idée juste de cette fameuse église ronde à huit pans des Templiers, bâtie en 1162, dont je ne connais aucun équivalent en Europe. A l'extérieur, les immenses contre-forts qui montent jusqu'au sommet lui donnent l'aspect d'une forteresse, qu'elle fut en effet lorsque les chevaliers repoussèrent en 1190 pendant six jours, les attaques des Almohades. A l'intérieur, on la dit imitée du Saint-Sépulcre de Jérusalem ; en tous cas, son cachet arabe et byzantin frappe l'œil le moins exercé, les arcs en fer à cheval de la rotonde octogone ou *charola* dont les piliers peints entourent le maître-autel et montent jusqu'à la voûte, sont guillochés de sculptures et de dorures dans le goût de l'Alhambra et les nervures des voûtes rayonnent comme une rose tout autour du chœur, peintes d'écussons des grands maîtres de l'ordre.

Après cette saisissante révélation de l'art le plus ancien du Portugal, nous entrons dans un délicieux cloître gothique, le *Claustro do Cementerio*, et une *Sala de Capitulo* remontant à Henri le Navigateur, ce grand maître de l'ordre du Christ qui, en 1418, porta à son apogée la puissance de l'Ordre dont il employait les richesses à équiper des flottes pour aller au loin faire des conquêtes, puis vient *l'église des Chevaliers du Christ*, reliée par une baie en ogive à celle des Templiers, dont ils furent les héritiers, après la suppression de cet ordre. Elle fut construite dans le plus riche style manuélin, par João de Castillo, successeur d'Henri qui avait confirmé à l'Ordre ses immenses possessions en Afrique et aux Indes. La fenêtre ronde, le portail et les deux contre-forts du chevet de l'église témoignent, dans leurs fantastiques sculptures en ronde bosse, figurant les cordages, les anneaux, les sphères armillaires, tous les attributs de la navigation, d'un élan extraordinaire du génie portugais stimulé par la gloire de ses armes navales et les influences hindoues.

Mais, hélas ! les revers vont suivre de près cette époque glorieuse et ils sont écrits là, en pages de pierre, dans ces *cloîtres des Philippes* qui masquent en partie la belle église manuéline ; c'est à Thomar, dans la salle même des chevaliers, que Philippe II d'Espagne, revêtu d'un costume en brocart d'or reçut le serment des Cortès portugais et des chevaliers transformés en moines. De cette lugubre époque où l'Inquisition espagnole exerça ses ravages, reste aussi un souvenir macabre, le cadavre momifié, visible dans son sépulcre de plomb à couvercle de verre, de Balthazar de Feiria instrument du roi Philippe, dont la légende dit que « le sol ne voulut pas assimiler les cendres. »

Le cloître des Philippes, à deux étages, qui date de la domination espagnole, malgré la pureté de son style renaissance, paraît froid et terne en comparaison des autres. Il y a encore deux autres cloîtres moins intéressants, une nouvelle salle du chapitre inachevée, des terrasses du haut desquelles la vue est jolie sur les anciens jardins du couvent remplis de roses, puis des réfectoires immenses, une cuisine gigantesque, des dortoirs voûtés en bois interminables ; et je finis par m'asseoir, à bout de forces, ne pouvant obtenir que le gardien abrège la visite ; il me faut ensuite regagner l'hôtel à pied par le raidillon empierré qui descend brusquement sur la ville, et me fait passer à côté de la prison où les captifs tendent leurs mains à travers les barreaux pour demander l'aumône, suivant cet usage primitif qui choque tant nos idées.

La table d'hôte est servie à l'hôtel et j'essaie de goûter à quelques-uns des plats, mais la cuisine ici est vraiment portugaise, c'est-à-dire, pour moi, immangeable, et je me contente d'une omelette, m'occupant à observer les convives : le beau parleur est un jeune abbé dont le col droit et une légère tonsure trahissent seuls la vocation ecclésiastique, il fait des grâces à une jeune femme sa voisine, joue avec une fillette, se sert les meilleurs morceaux, et à la fin du repas, allume sa cigarette avec un sans-gêne parfait, ce que ne se permet aucun des autres hommes présents. J'avoue que cette désinvolture me paraît choquante, si c'est là le résultat de l'abandon de la soutane, Dieu nous en préserve !

Avant mon départ, le patron veut encore me faire admirer sa promenade favorite au bord du Nabao, jolie rivière aux eaux abondantes qui traverse la ville en répandant une certaine fraîcheur, et fait tourner des roues à godets destinées aux irrigations ; à ce moment, une longue file de femmes sort de la filature : il est sept heures et elles travaillent depuis six heures du matin, pour la somme infime de 200 reis par jour. Cependant, l'aubergiste me dit qu'on est heureux à Thomar, qu'il y a peu de misérables ! Vraiment on finit par se demander, puisqu'en effet ces gens sont si satisfaits dans leur ignorance de la vie, si ce serait leur rendre service que de leur faire connaître un état de choses différent puisque nous voyons chez nous, les ouvriers bien mieux payés, bien plus protégés, ne jamais se déclarer contents !

Le soleil est enfin couché, et je me remets en route au crépuscule qui me cache du moins l'aridité et la poussière de la route s'il ne peut m'empêcher de l'absorber.

. . . .

CHAPITRE IX

Le Douro. — Salamanque. — Santander. — Bilbao.

29 août. — En quittant définitivement Lisbonne, j'ai pu enfin voir la large vallée du Tage que j'avais toujours traversée la nuit ; les bords du fleuve sont si plats et son lit est si large qu'on dirait un bras de mer qui s'enfonce dans les terres ; jusqu'à Santarem on a des échappées délicieuses à droite sur cette vaste nappe bleue, et lorsqu'on la perd de vue, de petites voiles blanches et rouges qui semblent égarées dans la campagne en jalonnent encore le cours. Des tas de sel blanc aux arêtes géométriques, brillent comme de la neige sur les bords des salines qui remontent très loin dans l'intérieur, puis viennent d'immenses plaines, les terres à blé du Portugal, nues en ce moment, où des troupeaux de chevaux et de taureaux sont élevés pour la course ; sur la gauche, court une ligne de collines ondulées dont le faîte est, comme au Japon, frangé par les feuillages des pins et qui s'enlèvent sur un ciel rose.

La nuit tombe après Santarem, au moment où nous nous asseyons devant un excellent dîner, car le rapide de Porto de 5 heures 3o du soir a tous les avantages sur le Sud-Express ; il secoue moins, coûte moitié moins cher et on y mange bien ; en wagon, je remarque les attentions de mes co-voyageurs portugais, mieux élevés que beaucoup de nos compatriotes.

Avant de dire adieu à *Porto* où je passe pour la troisième fois et pour mieux me rendre compte de sa hauteur, je traverse à pied le pont Dom Luiz et gravis par des ruelles sordides le monticule couronné par l'église de *Nossa-Senhora-da-Serra-do-Pilar*, dont une partie a été dévastée par le siège de 1832, lorsque les miguelistes attaquèrent la place; la coupole intérieure est sombre, à peine entretenue; une partie du couvent tombe en ruines, l'autre est transformée en caserne, mais le panorama qui s'offre de la terrasse plantée d'eucalyptus et de chênes verts est peut-être le plus saisissant qu'on puisse avoir de Porto, avec le pont Dona Maria à droite, le pont Dom Luiz à gauche, le Douro, à pic au-dessous, la ville bâtie en amphithéâtre sur la haute falaise, et couronnée par les tours des églises. Je reste longtemps à contempler ce tableau unique que le brouillard enveloppe d'un voile diaphane et rentre à regret par un tramway qui me ramène en quelques minutes sur la place de Batalha, il dessert le faubourg de Villa Nova de Gaya où tous les négociants en vin ont leurs entrepôts, longues galeries basses souvent creusées dans le granit où le vin reste deux ans avant d'être expédié au Brésil, en Angleterre, en Allemagne ; la pipe de 534 litres vaut en moyenne 85o francs. Ce commerce est entre les mains des Anglais surtout qui se considèrent ici comme chez eux et ne se mêlent pas à la société indigène dont ils sont peu aimés. Faisant tout venir d'Angleterre directement, ils n'achètent rien sur place et ne rendent pas au commerce portugais les profits qu'ils lui enlèvent.

J'ai tenu à connaître ce fameux *Paiz do Vinho* la partie la plus sauvage du Portugal où se récolte le précieux liquide qui fait sa fortune et que de longues barques à fond plat, conduites à l'aviron, amènent ensuite à Porto, à travers les écueils et les rapides du Douro; le train qui va me le faire remonter depuis son embouchure jusqu'à la frontière en traversant le Portugal de part en part, franchit d'abord une contrée fertile : à *Ermezinde*, il s'engage dans un défilé rocheux où les coteaux sont plantés de pins malingres ; vient ensuite la fraîche et verte vallée du *Souza*, aux champs enclos de haies qui me rappellent la France; un torrent roule au fond, bordé de moulins et de rochers ; à partir de *Penafiel*, collines et vallées s'entrecroisent dans un pittoresque désordre et parmi la végétation luxuriante sont plantées les *quintas* avec leurs charmilles de pampres.

A *Palla*, où nous entrons dans la vallée du Douro, on se croit transporté en Suisse ; les montagnes qui s'élèvent soudain ont leur sommet enveloppé de nuages ; leurs flancs sont tailladés de terrasses abruptes que les orangers, les figuiers, les pêchers, les oliviers, les peupliers tapissent de leur masse verdoyante, tandis que le fleuve, retiré au plus profond de son lit, en laisse voir les rochers acérés, aiguisés et striés par le passage des eaux qui les couvrent au moment des crues ; quelques barques sont échouées sur le sable ; les maisons groupées sur des monticules ou accrochées à leurs parois ressemblent à des châlets ; en tout cas, on ne saurait accuser ici d'indolence le paysan portugais qui ne laisse pas stérile un pouce de ses montagnes...

Soudain la scène change : *Regoa* paraît, étalé au soleil sur le penchant adouci des hauteurs, et dominé par son clocher ; le Douro, qui tout à l'heure se tordait comme un serpent entre ses deux murailles de rochers, s'élargit et laisse à découvert une plage de sable qui forme comme un petit port au confluent du Douro et du Corgo ; c'est le centre du *Paiz do Vinho* où bientôt vont se faire les vendanges qui durent jusqu'à la seconde quinzaine d'octobre, et qui sont l'occasion de nombreuses et curieuses réjouissances populaires...

A partir de *Tua* la vallée se rétrécit de nouveau et prend un aspect de plus en plus sévère, bientôt nous traversons le Douro sur un pont de 400 mètres ; on n'aperçoit plus de maisons ni d'êtres humains ; la végétation cesse aussi et les monts fauves se dorent, aux rayons du soleil couchant. Pendant 150 kilomètres, nous suivons inlassablement le cours du Douro, serpentant au fond de son sillon, et nous débouchons à *Barca d'Alva* dans une gorge sinistre...

Rien n'égale l'horreur sauvage de l'*Agueda* par laquelle nous sortons du défilé où depuis 4 heures nous côtoyons le Douro. Des murailles rocheuses où les pluies n'ont pas laissé trace de terre végétale, et qui semblent ravinées, déchiquetées par les torrents, murailles d'une hauteur prodigieuse se rejoignent au fond d'un gouffre où comme un mince ruban d'acier se déroule le fleuve presque desséché en ce moment. On ne sait comment le train se fraie un chemin sur la crête vertigineuse qui surplombe l'abîme. Souvent il traverse le roc; en une heure nous enfilons vingt tunnels et des viaducs sans nombre... à la sortie, l'impression est toujours aussi saisissante lorsqu'on voit derrière soi le sillage du train, devant, le passage périlleux, et qu'on songe qu'une déviation de quelques millimètres suffirait à vous envoyer rouler au fond des abîmes. Ce désert a quelque chose d'oppressant et de monotone et on finit pas être heureux de sortir du tête-à-tête fantastique avec l'Agueda et d'aborder les plateaux du *Léon* où la scène change comme par enchantement.

C'est à *Barca d'Alva* qu'on passe la frontière portugaise, mais c'est à *Fregeneda* qu'on s'arrête pour la douane espagnole qui n'est pas méchante. Puis nous remontons à 7 heures dans le wagon-restaurant et tandis que le train, comme allégé, chemine au milieu des terres à blé du Léon, dont tous les champs dénudés sont entourés de murs, et où paissent les troupeaux et que le ciel s'empourpre, avant de s'assombrir tout à fait, nous avons un certain plaisir à nous réconforter par un repas assez appétissant...

3o août. — A *Salamanque*, où nous arrivons vers 10 heures du soir, je suis un peu inquiète du gîte que je vais trouver; la Fonda del Commercio est bien l'auberge espagnole, la chambre est assez propre et le lit pas trop dur. Toutefois... quelle différence dans l'accueil avec le Portugal! Voici les mendiants et les loqueteux qui vous assaillent à la gare, le verbe sonore des cochers et des camelots qui luttent de tapage, je ne me fierais pas à ces gens-là pour mes bagages...

Les chars à bœufs espagnols ont des roues à rayons

au lieu des roues pleines celtiques, ils sont peints de fleurs et de paysages, les bœufs, noirs au lieu d'être roux, ont l'air bien moins doux et les bouviers ont l'air plus rude...

31 août. Samedi. — Le matin, je me mets de bonne heure en route pour profiter de la fraîcheur et un garçon qui rôde, voyant une étrangère, s'offre à me conduire. Nous allons d'abord, à la *plaza major* qui a grand air, avec ses arcades où se réunissent le soir tous les gens de Salamanque pour entendre la musique et ses deux imposantes façades du genre plateresque qui dominent les maisons et le square ; la petite église romane de San-Martino, tout près du marché aux légumes, et le Seminario, n'en sont qu'à quelques pas, car les églises se touchent presque à Salamanque et dominent la ville de leurs tours massives de pierre aux beaux tons orangés.

La *Maison des Coquilles*, du marquis de Valdecorzana, est une chose étrange et curieuse, la cage de l'escalier est très belle; ce cube tout semé de coquillages découpés dans la pierre et ne possédant que de rares fenêtres grillées ressemble autant à une prison qu'à un palais. De là, j'aperçois une tour sculptée comme de la dentelle au coin d'une rue, elle fait partie, de la *Casa Monterez*, bâtie comme une forteresse allégée dans le haut par sa galerie renaissance. C'est une surprise pour moi qui n'avais pas étudié Salamanque d'avance de découvrir que presque tous ses monuments datent de cette époque. Dans le patio de *los Ingleses*, ce style est admirablement employé et les médaillons d'hommes et de femmes qui ornent les deux rangées d'arcades sont aussi soignés que si chacun était un portrait, il y a un bien joli profil casqué. Malheureusement les intérieurs, en général, sont défigu-

Portail de l'Université de Salamanque.

rés par les retouches postérieures et surtout par le déplorable style rococo qui règne dans l'ornementation et le genre encore plus pitoyable de la décoration moderne. Ici cependant, un assez curieux rétable de Berruguete qui occupe tout le devant du maître-autel fait exception à la règle ; c'est un singulier mélange de statues et de peintures qui ressemblent trop à du carton-pâte. Mais ce que je ne me lasse pas d'admirer, ce sont les sculptures si fines, si délicates, si bien patinées par le temps.

Dans le couvent des *Augustines*, je contemple à loisir les magnifiques Ribeira enfouis dans la chapelle. La Conception de la Vierge avec son manteau royal et son expression divine est un des plus beaux que j'aie vus. En nous rendant par des rues très misérables au *Collegio Viejo*, nous passons près du quartier de cavalerie et un officier supérieur me voyant escortée de mon gamin, l'interroge d'un air sévère, et puis me salue très poliment : je lui dis alors : « J'ai pris ce garçon pour me montrer le chemin ; je pense qu'il est convenable ? »

— Oui, madame, je lui recommandais seulement de ne pas vous faire passer par ces mauvaises rues.

— Merci bien, monsieur. » Cela fait toujours plaisir à l'étranger de voir qu'on est protégé par les gens du pays.

Le *Collegio Viejo*, avec ses arcades trilobées, encadrant son joli jardin, sert d'école et on en sort par une délicieuse porte ouvragée, enguirlandée qui donne sur *Fray-Luis*. C'est la plazuela de *l'Universidad* dont le portail à l'autre bout, est une merveille. Malgré mon guide qui commençait à trouver que je voyais les choses trop consciencieusement, j'entre dans le patio, encombré par les travaux de réparation, et le gardien me fait voir la voûte en bois de l'escalier mauresque et la salle où professait Fray Luis dont on a conservé la chaire avec son pupitre et les bancs tailladés par les élèves depuis 1400 ! Salamanque est la plus ancienne université et possède 800 élèves, mais il y en a dix autres en Espagne.

En sortant, j'aperçois l'imposante Cathédrale, mais voilà près de trois heures que je marche et le soleil est chaud. Rentrons à la Fonda, la suite après le déjeuner. Pendant ce repas j'ai le regret de découvrir, un peu trop tard, qu'il y avait un train partant à 11 heures et demie pour Santander, le seul de la semaine se combinant avec le rapide de Madrid qui m'eût fait arriver à 6 heures ce soir. On n'a jamais fini de compulser l'indicateur espagnol avec ses exceptions et ses observations, c'est un travail de romain ! Il ne me reste plus que le Sud-Express pour sortir d'ici ; si je ne réussis pas à le prendre, je suis bloquée !...

En repartant à 3 heures, nous voyons d'abord la très ancienne maison de *la Salina* (palais de la députation provinciale) dont les arcs-boutants sont formés de deux figures humaines, les pieds griffus de l'une accrochés sur la tête de l'autre qui fait d'affreuses grimaces comme s'ils lui pénétraient dans le crâne. Il y aurait une curieuse étude à faire de ces grotesques si réalistes dans leur caractère, mais il n'en existe même pas une bonne photographie.

La singulière tour del Clavero domine le square de Colon dont les acacias boules donnent une ombre parcimonieuse. L'église *San-Esteban*, tout près de là, dresse ses tours et son portail ; on a toujours une surprise fâcheuse à l'entrée de ces églises. Celle-ci cependant possède une tribune dont les voûtes en éventail sont très élégantes mais mon guide se dispense de me montrer le joli cloître. A l'entrée de *la Cathédrale*, il est accosté par un autre hère de son espèce qui a la prétention de me faire voir le monument et de l'empêcher d'entrer, colloque et dispute. Mais ils vont en chercher un troisième qui a les clefs des chapelles et qui espère aussi avoir part au gâteau.

Me voilà donc aux mains de ces barbares qui ne me font grâce ni d'un marbre, ni d'une statue. Dans tout ce qu'ils me forcent à voir, je ne retiens que deux choses : le Crucifix du Cid apporté là par son confesseur qui est enterré dans la Chapelle del Carmen. Dans la capella Dorada une curieuse tribune et des azulejos dans le goût mauresque.

Comme à Santiago, le chœur, à doubles stalles richement sculptées, représentant des prélats, des moines, etc. est séparé de la capella mor et relié par des grilles en cuivre doré. Extérieurement, il est revêtu de sculptures en pierre d'une abondance inouïe. Ce qui me frappe ce sont les belles et grandioses proportions des piliers et des voûtes et les deux triforiums qui courent tout autour de l'édifice. Le portail d'entrée qui représente en bas-relief l'adoration des mages et celle des bergers, surprend, même en Espagne, par la richesse de ses ornements. C'est éblouissant surtout avec la couleur dorée de la pierre.

Lorsque je demande à visiter *la Cathédral vieja*, mon guide qui a envie de s'en aller, m'assure qu'elle est fermée, que c'est impossible; comme j'insiste, il m'explique qu'on y pénètre par la nouvelle qui lui est accolée. Je le force à rappeler le sacristain qui arrive enfin pour me dire qu'il faut payer un billet d'entrée de 1 p.; n'est-ce que cela ? Je le fais volontiers, et il me donne pour conducteur un quatrième guide.

Cette ancienne basilique qui ne sert plus au culte est peut-être plus curieuse encore que l'autre. C'est un des plus beaux spécimens du style roman de transition. Les sculptures fantastiques et variées des chapiteaux, la grande fresque aux encadrements gothiques contenant cinquante-cinq petites scènes de la vie du Christ sont dues au peintre Florentino, élève de Giotto, dont on reconnaît bien la manière.

Dans le cloître attenant et bouché malheureusement, s'ouvrent trois chapelles qui renferment des quantités de tombeaux curieux. Il y en a du reste dans presque toutes les églises; ici, le principal est celui de l'évêque fondateur Diego de Amaya, admirablement sculpté; il semble respirer, et les merveilles de son mausolée sont elles-mêmes protégées par une autre merveille : une grille forgée et dorée, représentant des animaux et des fleurs qui l'enveloppe tout entier et porte l'inscription 1400. Plusieurs membres de sa famille l'entourent, il y en a un qui est étendu auprès de sa femme, l'autre se tourne du côté du public au lieu d'être couché sur son tombeau. Mon guide, qui paraît plus intelligent que les autres, est tellement surpris de voir une dame voyager seule qu'il ne peut s'en taire et me dit que les dames espagnoles ne le feraient pas. — « Peut-être, mais je suis Française », dis-je avec une certaine fierté, et pour lui donner une haute idée de mes compatriotes je lui laisse un bon pourboire.

Rentrée à l'hôtel, je demande une voiture pour aller au pont romain. Les cochers aiment mieux ne pas marcher que de marcher au tarif, tant pis pour eux, je vais acheter des cartes postales car je suis décidée à ne pas me laisser voler !...

En somme, pour résumer mon impression sur Salamanque, bien que les monuments soient plus beaux et plus nombreux qu'à Coïmbre, je n'éprouve pas ici ce charme qui m'avait séduite là-bas : il manque d'abord le cadre délicieux de la ville universitaire portugaise, ce je ne sais quoi qui fait qu'un lieu est sympathique et si je puis très bien concevoir des cas, où je me déciderais à habiter le Portugal, je sens qu'il me serait impossible de m'acclimater en Espagne. C'est l'impression que j'échange avec une dame américaine voyageant seule, qui est placée à ma table ; de suite nous éprouvons le besoin de causer, elle arrive du Maroc et vient de visiter l'Espagne ; comme moi, elle a pâti des us et coutumes du pays ; je lui annonce la surprise qu'elle va causer ici ; elle croit qu'en effet, les Espagnoles ne seraient pas capables de voyager seules, mais elle en a connu de très aimables à la Granja. Il est dommage que le hasard ne nous ait pas fait rencontrer un jour plus tôt, car de suite un courant sympathique s'est établi entre nous. Cela me fait plaisir de trouver une autre personne voyageant, comme moi, pour satisfaire sa curiosité et « renouveler ses impressions ». Je lui communique mes inquiétudes au sujet du Sud-Express pour lequel le chef de gare refuse souvent de donner des billets. A force de baragouiner avec le patron, j'ai fini par lui faire comprendre la situation. Il me conseille de partir une heure d'avance pour m'adresser au chef de gare lui-même, ce que je fais. Bien m'en a pris. Aux premiers mots de français que j'adresse à ce personnage très galonné, un monsieur en civil, qui était dans son cabinet, me salue et me répond dans ma langue qu'il sera heureux comme directeur de la ligne de rendre service à une compatriote !

Il prie le chef de gare d'aller lui-même me prendre mon billet, et de me faire monter dans le train, que ma place soit retenue ou non, et m'offre d'attendre son passage dans son cabinet. Je lui raconte, après l'avoir bien remercié, mes craintes causées par les ennuis arrivés à mes amis : « Que ne m'ont-ils demandé, je me serais fait un plaisir de leur rendre service, comme à tous les Français. Dites-le bien à vos amis. » Enchantée d'avoir trouvé en M. X. un aussi obligeant compatriote, j'attends paisiblement le passage du Sud-Express où, dès le premier mot, le chef de train répond que ma place est réservée depuis Lisbonne. Voilà encore un Français à qui je dois des remerciements, car il ne m'a rien fait payer pour cela. Dans la cabine, le lit d'en haut est occupé par une américaine aussi fort aimable et nous découvrons en échangeant quelques mots le matin, que nous venons toutes deux de Cintra où nous avons des amies communes.

Nous regrettons de nous séparer si vite, mais je dois descendre à *Zumarraga* pour faire une pointe sur Santander. Un instant, j'hésite à quitter le confortable Sud-Express pour me lancer dans l'inconnu, mais les montagnes sont si pittoresques, la verdure est si fraîche, qu'il est tentant de voir de plus près ce beau pays. Et puis, je ne veux pas manquer la Messe du dimanche. Le sort en est jeté !

A 8 heures et demie me voici descendue dans la petite gare où je dois attendre le train tramway qui part à 11 heures. Vers 10 heures, suivant une route qui est une vraie allée de parc, entre des fabriques et des villas, je me rends à l'église, très belle et précédée d'un porche à colonnes. Elle est remplie d'hommes et de femmes, bien que j'aie vu quelques jeunes gens jouant à la pelote et l'office y est célébré avec pompe par trois prêtres en superbes ornements aux sons d'une excellente musique; détail topique: les pains bénits sont apportés au curé qui les bénit en donnant son étole à baiser, puis déposés par terre sur un carreau de drap noir avec une croix rouge devant lequel deux grands cierges sont allumés. Ces petites lumières éparses dans l'église font un effet funèbre. On me sert un déjeuner très convenable, à la Fonda Ugalde.

A 11 heures et demie, le train n'est pas encore parti. Deux dames espagnoles qui sont montées avec moi, plaisantent sur le *Tren de la Muerte* comme on l'appelle à Madrid à cause des fréquents déraillements. Serais-je donc destinée à finir dans un accident de ce genre pour avoir trop usé du chemin de fer? Le fait est que j'ai rarement vu des courbes aussi hardies, des remblais aussi à pic que ceux de la ligne de Zumarraga à Malzaga. Notre petit train semble se livrer à des exercices d'acrobatie, il contourne les cluses fermées en faisant des têtes à queue soudains, traverse les crêtes de montagnes par des tunnels successifs qui offrent dans leurs intervalles des échappées superbes sur les vallées profondes de l'Anzuola ; les versants des montagnes cantabriques sont, à la différence des Pyrénées françaises, couverts de superbes bois de châtaigniers et tapissés de fougères.

Les coudes très violents nous donnent des secousses aussi fréquentes qu'inattendues, ces brusques détours causent une espèce de vertige et l'une de mes compagnes ne tarde pas à être prise d'un véritable mal de mer. Heureusement, elle descend à *Malzaga*, point de croisement des lignes de Saint-Sébastien et de Bilbao, pour se rendre aux eaux d'Alzola et je goûte une demi-heure de repos avant de remonter dans un autre train qui m'emmène à Bilbao ; à partir de Malzaga les pentes s'adoucissent et après Durango, nous suivons la large vallée du fleuve de ce nom qui est encadrée de hautes montagnes et semée de fabriques.

A 3 heures, je descends toute moulue en gare de Bilbao; le port moderne qui est à 12 kilomètres de la mer, n'a rien de curieux pour moi et je repars le lendemain matin pour Santander.

2 Septembre. — La ligne suit la côte en descendant la vallée du Nervion.

A *Cararriga* s'ouvre comme une brèche dans la montagne, un gigantesque portique formé de deux pics semblables qui s'élèvent à droite et à gauche de la voie. C'est là qu'est la station thermale, dans un site fantastique ; de hauts bastions rocheux vous dominent de toutes parts et le train suit le passage étroit du torrent, que je vois filer devant moi.

A *Treto*, une haute falaise déchiquetée se dresse comme un pan de mur entre le ciel et la mer qui forme un petit golfe que nous traversons sur une chaussée : c'est la pena de Santona.

J'avoue que cependant l'arrivée à *Santander* a été pour moi, comme Bilbao, une déception. Après les sites si pittoresques que traverse la ligne depuis Zumarraga, ligne dont Bœdeker n'a rien exagéré en disant que c'est une des plus intéressantes de l'Espagne, après cette succession indescriptible de défilés montagneux et boisés, ces boucles dessinées par le train dans les cluses fermées, ces ravissantes vallées coupées par des torrents chevauchés de ponts en dos d'âne, ces villages où les vieilles maisons basques solidement établies avec leurs toits plats de briques rouges et leurs galeries vitrées, sont groupées autour de leurs églises anciennes, campées fièrement comme des forteresses, après ces gorges étroites où le long des fils aériens portés par des pylones glissent les seaux de minerais tirés des entrailles de la montagne ; après tout cela, l'arrivée au milieu des marécages de terre rouge qu'on est en train de dessécher et toutes les laideurs des approches d'une ville industrielle vous surprennent désagréablement. Il fait une chaleur lourde et des nuées cotonneuses enveloppent les montagnes qui forment à la baie de Santander un cadre grandiose, l'eau et le ciel sont blancs.

Dans l'hôtel Europa, le premier de la ville, il règne une chaleur étouffante et tout est sale comme partout en Espagne. Vraiment, il est bon de faire un tour ici pour apprécier le Portugal par comparaison ! Les faquins, les cochers sont d'une exigence et d'une insolence !...

Vers 3 heures, je prends sur les conseils de la patronne et avec son aide, pour ne pas être volée comme le matin, une voiture qui me fait monter sur l'Alameda alta d'où l'on domine à la fois la baie de Santander avec quelques navires, le port bordé de ses hautes maisons à galerie vitrée, et de l'autre côté la jolie côte verte où s'ouvre la plage de Sardinero; là, au milieu des bois de pins, sont de charmantes villas. La plage est bornée à droite par une haute falaise noire qui semble coupée à pic. Un phare s'élève sur un des nombreux rochers qui sèment la baie et en tournant la pointe de la presqu'île le long de laquelle est bâtie la ville, on voit les pentes gazonnées de la plage de la Madeleine descendre jusqu'au bord des flots, tandis que sur le bord opposé de la baie, des villages égaient la côte et une quadruple rangée de montagnes se fondent dans le ciel. C'est superbe et je ne regrette plus d'être venue jusqu'ici bien que ce soit un peu fatigant; ma soirée se termine au bord de la mer qui prend des tons violets sombres et des teintes glauques verdâtres, comme le ciel, où roulent des nuées livides. Il semble qu'un orage se prépare, mais des enfants jouent sur la plage...

3 Septembre. — Me voici donc enfin, sur le chemin du retour. Le trajet en express de Santander à Bilbao est encore plus dur que la première fois, car on est tellement secouée que je ne crois pas l'avoir jamais été davantage.

Néanmoins et malgré le brouillard qui l'enveloppe, j'ai du plaisir à traverser de nouveau cette montagneuse région où les chaînes cantabriques s'étagent les unes derrière les autres avec un premier plan d'une végétation luxuriante. Ce serait un voyage délicieux à faire en automobile en s'arrêtant là où la fantaisie vous prendrait car les coins pittoresques abondent. Aux gares il y a un grand va-et-vient et toujours les voyageurs sont escortés par des amis, des dames nu-tête; on échange des adieux pleins de l'effusion méridionale : Addios!

A Bilbao, je trouve à la gare un omnibus de l'hôtel Vizcaya dont le restaurant, sous les arcades de la plaza Nueva, est bon, et cela me fait regretter de ne pas y être descendue à mon premier passage, car il est bien préférable de ne pas avoir affaire aux cochers de fiacre ou aux porteurs de bagages dont les exigences sont inouïes.

Nous traversons le vieux Bilbao qui, avec le marché et l'église San-Antonio me semble bien plus intéressant que la partie moderne.

J'arrive à la gare, trois quarts d'heure en avance ; une queue qui va jusqu'à la rue assiège le guichet, mais il n'est ouvert que vingt minutes avant le départ. Il ne reste plus que quelques minutes pour l'enregistrement des colis dont une montagne est entassée dans la salle, et ma pauvre petite malle est noyée au milieu de ce chaos. Un tumulte indescriptible se produit entre les voyageurs qui, à coups de poings, prétendent se faire servir les premiers et se jettent leurs valises à la tête. Je manque d'en recevoir les éclaboussures et lorsqu'enfin je m'assieds dans le wagon avec mon billet de place et celui des bagages, je m'aperçois qu'on m'a rendu ceux d'un autre voyageur...

Jusqu'à Durango, nous suivons la voie parcourue la veille, mais là notre locomotive fait volte-face et nous emmène par une ligne nouvelle à *Deva* où j'ai l'agréable surprise d'apercevoir la mer par une échancrure entre les montagnes.

De Zarauz jusqu'à Saint-Sébastien, nous suivons la

côte avec de fréquentes échappées sur les flots de l'Océan bordés de hautes falaises...

Guetaria, patrie de Juan Sébastian de Elcana, le premier qui fit le tour du monde, Zumaya, Azpeitra, sont très pittoresques avec leurs vieilles églises et vaudraient des arrêts si je ne devais absolument rentrer demain en France; quoique cet aperçu soit trop rapide il m'a permis de connaître la partie la plus curieuse de la côte Nord de l'Espagne au lieu de refaire le même trajet trop connu.

ÉPILOGUE

Quelques mois après mon retour en France, une effroyable tragédie appelait l'indignation et la pitié du monde sur ce petit royaume, que le caractère paisible et doux de ses habitants, son climat délicieux et amollissant, sa situation isolée aux extrémités de l'Europe, semblaient devoir préserver de secousses politiques aussi graves...

Combien le décor classique, si noble et si gracieux de la place du Commerce, avec son périple d'arcades s'ouvrant sur l'infini des flots, semblait peu destiné à encadrer le drame shakespearien qui a ensanglanté ses portiques ! Tous ceux à qui il a été donné de contempler dans une fascinante rêverie, du haut des degrés de marbre, le soleil se couchant sur la nappe bleue de la mer de paille, à l'heure exquise, choisie pour l'attentat, seront saisis de la même stupeur, tant le contraste est saisissant entre la Lisbonne qu'ils ont connue et celle qui vient de se révéler...

Pendant tout le règne de Dom Carlos, la confiance semblait si bien établie entre les Souverains et leur peuple qu'ils ne s'entouraient jamais d'une escorte et ne sortaient qu'en voiture découverte.

Depuis quelques mois, il est vrai, couraient des bruits de complot qui avaient motivé d'assez nombreuses arrestations. Quelques échauffourées, singulièrement grossies par la presse étrangère, avaient eu lieu à Porto et dans la capitale, mais cette agitation semblait bien plutôt dirigée contre le ministre qui avait osé assumer la redoutable tâche de la réforme du régime parlementaire et financier que contre le monarque lui-même, et surtout contre le prince héritier auquel sa bonne grâce, ses qualités charmantes et le succès de son récent voyage aux colonies avaient acquis une juste popularité.

D'où venait donc le monstrueux attentat ?... Pour les gens bien informés, le germe de la conjuration remonterait à trois ans en arrière, à l'époque où, pendant trois jours, tout l'équipage d'un cuirassé, dans le port de Lisbonne, se révolta contre ses officiers, sauf contre un fils d'Alpoïm, le chef des monarchistes dissidents, convaincu d'avoir été de tout temps l'âme du complot.

Il s'agissait alors d'enlever le Roi et sa famille pour les transporter dans un pays neutre, et de mettre sur le trône le prince Louis. Le plan ayant échoué, la franc-maçonnerie alliée aux dissidents et aux républicains, continua de travailler dans l'ombre; elle envenima les questions d'argent qui se posaient au Parlement à propos des dépenses royales et chercha à persuader au peuple qu'une révolution égaliserait les fortunes; elle fomenta des troubles afin de provoquer des mesures de répression qui jetassent le mécontentement dans le pays contre Franco à qui elle ne pouvait pardonner d'être un catholique pratiquant.

Dans la capitale fut formé un comité révolutionnaire

dont les chefs de groupes ne se connaissaient pas entre eux, et qui avait pour but de s'emparer du souverain, en prenant d'assaut le palais royal, dont les plans avaient été préparés à cet effet.

On escomptait le retour du Roi à Lisbonne pour le 28 janvier ; ce retour ayant été retardé, le coup de force décidé pour cette date, fut maintenu quand même ; un gouvernement provisoire devait être proclamé à l'Hôtel de Ville. Mais la police, avertie par un des conjurés, arrêta les principaux meneurs au lieu du rendez-vous, près de l'ascenseur de la Bibliothèque, et fit ainsi échouer l'action collective. Toutefois il resta des groupes de forcenés qui, dans un conciliabule secret, durent préméditer le régicide.

leur fut malheureusement rendu trop facile, car Dom Carlos rentrait à Lisbonne le 1er février 1908, le jour même où il avait signé un décret suspendant l'action de la justice pour les prévenus politiques, et sans qu'aucune précaution fût prise pour sauvegarder sa personne...

Le Roi n'avait pas voulu d'escorte pour traverser la ville hostile, bien qu'il fût en landau découvert, et non comme d'habitude, en automobile...

La voiture a été assaillie au coin de la place du Commerce et de la rue de l'Arsenal par une véritable fusillade. Le Roi, frappé de plusieurs balles, dont la première lui fut envoyée par Costa, est mort sur le coup...

La Reine s'était levée et tournée du côté des agresseurs avec un effort pour protéger le Roi de son corps et sans imaginer qu'on en voulait à ses fils... quand elle s'est retournée, le prince royal avait la tête fracassée, et son frère, atteint lui-même au bras, cherchait vainement à étancher avec son mouchoir les flots de sang qui coulaient de la blessure du prince Louis...

A l'Arsenal où furent transportées les royales victimes, eut lieu la tragique rencontre des deux reines : Donna Maria Pia qui ignorait encore la mort de son petit-fils, dit en se jetant dans les bras de Donna Amélia : « J'ai perdu mon fils ! — Et moi, le mien, répondit celle-ci. »

Qui peindra l'horreur de ces moments où les deux princesses accablées restaient muettes et comme pétrifiées par la douleur !...

En remontant les hauts escaliers du palais des Nécessidades, la reine Amélie pouvait à peine se soutenir : elle s'arrêtait soudain, contemplant sa robe, teinte du sang de son époux et de son fils, la baisait comme des reliques et semblait prête à défaillir...

— « Courage, ma mère », murmurait le jeune prince qui fut pour elle le plus tendre soutien et qui oublia pendant deux heures de faire soigner sa propre blessure. A peine s'étaient-ils séparés que, poursuivie par d'affreux cauchemars, elle s'écriait : « Mon fils est-il vivant ? » et il fallait la ramener auprès du lit où elle le couvrait de ses caresses ; pour qu'elle pût reposer un instant, il dut s'installer dans la chambre voisine de celle de sa mère...

Cependant, dès le soir même, on la vit absolument calme et maîtresse d'elle-même, recevoir les diplomates étrangers, s'entretenir avec le ministre... Le sentiment de ses devoirs et de ses responsabilités lui inspira ce courage héroïque et pas un instant elle ne songea à fuir ce poste de péril ni à enlever son fils.

Quoi qu'en aient dit les journaux stipendiés par les assassins, l'émotion fut immense en Portugal et Lisbonne entière porta le deuil : par une manifestation touchante, les pauvres femmes du peuple secourues par la reine, mirent une rosette noire à leurs humbles vêtements ; ceux qui portèrent des fleurs sur la tombe des régicides étaient soudoyés par les républicains.

Ce parti repousse aujourd'hui la responsabilité d'un crime aussi odieux qu'inutile : il n'en reste pas moins vrai que son chef, Bernardino Machado, avait dit cet été à un journaliste français que lui et ses partisans ne reculeraient pas devant la violence pour établir le gouvernement de leurs vœux. Un article de la Franc-Maçonnerie démasquée du 21 décembre 1907 (révélant l'entente entre le Président du Grand-Orient lusitanien et le Président de la loge française Cosmos pour arriver à former l'Union latine), prédisait que d'ici peu le roi Dom Carlos fournirait un nouvel exemple de la puissance de ce tribunal occulte qui s'arroge le droit d'armer les assassins aussi bien contre les rois que contre les présidents de république trop libéraux... mais la meilleure preuve de la complicité du parti républicain portugais vient de nous être fournie par le suicide de son nouveau chef, M. Alberto Costa qui, ayant été désigné par la société de la Croix-noire pour assassiner le roi Manuel, a préféré se donner la mort.

La secte internationale n'arrête donc pas ses manœuvres devant la réprobation universelle, ni devant la réconciliation spontanée des partis autour du trône qu'elle croit éphémère et le beau geste de clémence qu'a fait le jeune Roi, inspiré par sa mère...

Redoutant la juste influence de cette Reine admirable, dont la catastrophe a mis en pleine lumière les éminentes vertus, et qui puise dans un fonds de piété fervente la force surhumaine de surmonter sa douleur pour guider les premiers actes du jeune prince, elle va continuer la propagande dissolvante et la lutte antireligieuse insuffisamment réprimées qui ont seules rendu possible l'épouvantable attentat.

Cependant, l'auguste mère qui tremblait pour les jours de son fils lorsqu'il dut aller aux Cortès se faire proclamer roi, et qui se tenait suspendue au téléphone épiant les échos des vivats populaires, peut maintenant se rassurer, car un élément nouveau entre en jeu : le cœur des mères portugaises a parlé à son tour ! Conquises par la grandeur d'âme de la Reine et par la touchante jeunesse de l'enfant royal courbée sous un si lourd fardeau de tristesse et d'angoisse elles ont écouté avec attendrissement cette voix qui leur disait avec tant d'abandon et de modestie : « Aidez-moi de vos conseils ! » elles ont admiré la précoce intelligence, qui lui permet de sentir toute la gravité de sa mission et de trouver si bien le mot juste à dire à chacun (1). Sortant de leur habituelle retraite, elles n'ont pas craint de se mêler à l'agitation électorale, pressant leurs protégés, leurs fournisseurs, de voter pour la cause monarchiste ! Grâce à leurs efforts, celle-ci a triomphé aux Cortès. Le trône est désormais consolidé si les royalistes savent rester unis...

Encore une fois ces nobles femmes ont su remplir leur mission d'apaisement entre les partis, de conservation des traditions nationales, prouver au monde que même

(1) Lorsque son ancienne gouvernante lui a fait sa révérence et l'a traité pour la première fois en roi, il a dit : « Pas ainsi ! embrassez-moi plutôt ! »

sans posséder le droit de suffrage, les épouses et les mères peuvent et doivent exercer une influence salutaire sur les destinées de leur pays : le journal *le Portugal*, soutenu par elles, a fait aux catholiques et à tous les cœurs honnêtes et droits un appel qui a été entendu pour la « Cruzada do-Bem ». Et maintenant, elles continuent à travailler au redressement moral et à l'éducation du peuple qui se montre reconnaissant dès qu'on lui témoigne un intérêt sincère. *A liga d'accaô social* se propose de faire publier et répandre très prochainement, par voie d'abonnement, de nombreuses brochures où les sujets d'histoire nationale et locale seront traités par des plumes autorisées, et les tracts sur les questions d'intérêt général seront empruntés à tous les pays et particulièrement à la France.

Le parti régénérateur libéral, dont le chef, Franco, est revenu de son exil volontaire, mais non rentré dans la politique active, a inauguré des conférences faites par des ministres d'État dans les cercles populaires où elles sont accueillies avec le plus grand succès, comme celle de l'ancien ministre de la Marine sur les colonies portugaises, et contribuent à affermir le mouvement antirévolutionnaire qui s'est produit dans tout le pays.

En essayant de faire connaître les exemples d'énergie, de dévouement, d'activité que nous donnent nos amis, les catholiques portugais, je voudrais suggérer à mes compatriotes l'idée d'associer nos efforts aux leurs, ainsi que nous le faisons depuis dix ans à l'A. S. F., où nous sommes actuellement en relations avec des sociétés similaires dans tous les pays.

Une lutte mondiale, une lutte qui durera autant que notre globe, est engagée entre ceux qui, pour ramener les peuples aux conceptions du bonheur païen, font la guerre aux trônes et aux clochers, et ceux qui sont convaincus que la civilisation chrétienne est seule capable de fournir les solutions du véritable progrès humain.

Un Institut international, qui s'inspire des doctrines de la libre pensée, vient encore de se créer à Paris pour organiser avec des ressources et des moyens d'action considérables, l'échange d'expériences sociales entre les peuples : il publie les Documents du Progrès, reçoit 100 revues étrangères, projette des conférences dans toutes les capitales, et des enquêtes internationales destinées à élucider des questions d'actualité...

Puissent donc les chrétiens sociaux nouer des ententes internationales aussi efficaces que celles des francs-maçons, qui se soutiennent si bien, à travers les frontières, qu'ils savent organiser partout, au même moment, les manifestations utiles à leurs projets !

Puissions-nous ne pas laisser bénéficier nos seuls adversaires de ces procédés de collaboration, et du rayonnement si rapide et si fécond des idées françaises au dehors ! Nous saluons comme un heureux présage l'élan de fraternité qui a fait affluer entre les mains du clergé et des directeurs d'œuvres parisiennes, l'or des catholiques du monde entier, lors des récentes catastrophes de l'inondation, et l'ovation que vient de recevoir à Naples l'éminent représentant des Semaines sociales françaises, M. Duthoit; le président italien, M. Boggiam, en le remerciant de son enseignement, a exprimé le vœu et l'assurance que la solidarité des catholiques sociaux, entre les nations latines, serait toute-puissante pour défendre la foi et protéger la civilisation chrétienne.

TABLE DES MATIÈRES

TABLE DES MATIÈRES

	Pages
Avant-propos.	1

Chapitre I
Le Sud-express. — Lisbonne pittoresque. — La rue, le port, le marché. — Les Tapades. — Les environs. — Les monuments. — Les beaux-arts 3

Chapitre II
Lisbonne religieux et social. — Le travail des femmes à Madère. 37

Chapitre III
Les ouvriers de Sétubal. — Les femmes portugaises. — Les œuvres de la Reine. 52

Chapitre IV
Cercle de cour au palais de la Pena. — Cintra. — Monserrat. — Les Capuchos 68

Chapitre V
Excursions autour de Cintra : Cabo da Roca. — Mafra. — Evora. 90

Chapitre VI

Caldas da Rainha. — Alcobaça. — Batalha. — Leiria. — Coïmbre 111

Chapitre VII

Porto. — Bom-Jesus. — Braga 131

Chapitre VIII

Vigo. — Santiago. — Bussaco. — Thomar 147

Chapitre IX

Le Douro. — Salamanque. — Bilbao. — Santander 179

Épilogue 199

TABLE DES GRAVURES

Pages.

FRONTISPICE

Portrait de S. M. Dom Manoël II.

CHAPITRE I

Le port de Lisbonne. 13
Panorama de Lisbonne 19

CHAPITRE IV

Château de la Péna 71
Château des Maures 83

CHAPITRE V

Attelage de Bœufs 97
Église de San-Braz 103

CHAPITRE VI

Cathédrale de Batalha 117

CHAPITRE VII

Vue générale de Porto 133
Église Bom-Jesus 141

Chapitre VIII

Cathédrale de Santiago. 153
Hôtel de Bussaco 161
Chevet de l'église du Christ à Thomar 171

Chapitre IX

Portail de l'Université de Salamanque 185

2606. — Tours, imprimerie E. ARRAULT et Cⁱᵉ.

BERNARD GRASSET, éditeur, 61, rue des Sts-Pères. — PARIS

DERNIÈRES PUBLICATIONS

ÉMILE BAUMANN. — **L'Immolé** : roman, *ouvrage couronné par l'Académie française*, 5ᵉ édition.	3 fr. 50
GEORGES BEAUME. — **Le Maître d'École**, roman	3 fr. 50
HENRI CHANTAVOINE. — **En Province** (lettres au directeur du « Journal des Débats »), préface de M. Paul Deschanel	3 fr. 50
JEAN GIRAUDOUX. — **Provinciales** : nouvelles, 3ᵉ édition	3 fr. 50
PIERRE GRASSET. — **Un Conte bleu**, roman, 4ᵉ éd. *Prix des Annales Politiques et Littéraires, 1909*	3 fr. 50
FRANÇOIS LABEUR. — **Villa des Roses**, roman	3 fr. 50
RENÉ LAURET. — **Line**, histoire lorraine, roman.	3 fr. 50
G. DE LAURIS. — **Ginette Châtenay**, roman	3 fr. 50
ROGER MARTIN DU GARD. — **L'une de nous**...	2 fr. »
HENRI MÉNABRÉA. — **Le Muletier et son Mulet**	3 fr. 50
V. DE PALLARÈS. — **Le Crépuscule d'une Idole**. — Nietzsche, Nietzschéisme, Nietzschéens, 2ᵉ édition	3 fr. 50
PAUL REBOUX et CHARLES MULLER. — **A la manière de...** (nouvelle édition)	3 fr. 50
ÉTIENNE REY. — **De l'Amour** : *Prix des « 45 »* 4ᵉ édition	3 fr. 50
A. C. SWINBURNE. — **Chastelard**, tragédie en cinq actes, traduction de Mme du Pasquier, introduction biographique de M. René Puaux	3 fr. 50
PAUL VUILLAUD. — **La Pensée ésotérique de Léonard de Vinci**	2 fr. »

Collection *"Les Études Contemporaines"*

E. FAGUET, de l'Académie Française. — **Le Culte de l'Incompétence**, 5ᵉ édition	2 fr. »
PIERRE LEGUAY. — **La Sorbonne**	2 fr. »

www.ingramcontent.com/pod-product-compliance
Lightning Source LLC
Chambersburg PA
CBHW051921160426
43198CB00012B/1988